Colección dirigida por
Gilles Farcet

Vivir

EMMANUEL DESJARDINS

VIVIR

*La curación espiritual según
Swami Prajñanpad*

HARA PRESS

Título original: *Vivre - La guérison spirituelle selon Swâmi Prajnânpad*
de Emmanuel Desjardins

© 2019 Les Éditions du Relié, una marca del grupo Guy Trédaniel
(27, rue des Grands Augustins, 75006 Paris, Francia)
© 2025 Hara Press USA, LLC, Miami, para la lengua española

Todos los derechos reservados

www.harapress.com

Traducción: Luis Iturbide
Revisión editorial: Claudia Espino
Diseño de cubierta: Rafael Soria

ISBN: 978-1-7374019-1-9
Library of Congress Control Number: 2024952216

Colección: Espiritualidad en tiempos modernos

Fotografía en portada ©Hauteville
Fotografía a página 13 ©Hauteville
Fotografía de Emmanuel Desjardins ©Hauteville

Queda rigurosamente prohibida la reproducción total o parcial de esta obra por cualquier medio o procedimiento, sin la autorización escrita de los titulares del *copyright*, bajo las sanciones establecidas en las leyes.
Hara Press no se hace responsable de los contenidos presentados en los libros que publica.

A Swami Prajñanpad,

a Arnaud y Denise Desjardins,
a Daniel y Colette Roumanoff,
sin quienes muy pocas personas lo hubieran conocido...

Con toda mi gratitud

CONTENIDO

Prefacio de Fabrice Midal	13
Prólogo	15
Introducción	19

PRIMERA PARTE
La vida de Swami Prajñanpad

Primera infancia	26
Un adolescente completo y sensible	29
Tres poemas	35
Estudios científicos y literarios	40
Castidad y matrimonio	45
El loco de dacca	51
Crisis profunda y encuentro con Niralamba Swami	52
Idealismo y austeridad	59
Deseducarse	63
Descubrimiento del psicoanálisis	66
Nacimiento de chinmayee y hábito monástico	69
Viaje al Himalaya y regreso a la enseñanza	74
Deceso de Niralamba Swami e instalación en el ashram	78

SEGUNDA PARTE
El arte del acompañamiento

"¿Cuál es la enseñanza de Swamiji?"	89
El arte del acompañamiento	93

TERCERA PARTE
Vivir y ver: La enseñanza de Swami Prajñanpad

Ir hasta el fondo de la experiencia humana

Una vía en el mundo	105
La afirmación absoluta de la vida	108

VIVIR

De la emoción al sentimiento: ser capaces de sentir	113
Emociones y sentimientos	117
Aceptar la emoción y descender a la profundidad	121
Desear	126
La satisfacción consciente de los deseos	130
Deseducarse	135
Deliberate living, poner orden en su vida	138
Actuar para crecer	143
Acción y reacción	144
Abrazar la dualidad	148

VER

El mental	158
El idealismo y el amor a la vida	161
El mental es el odio a uno mismo y la muerte	163
Usted nunca vió a Ma Ananda Mayí	166
Ver y pensar	168
El buscador: un infatigable detector de mentiras	170
El pensamiento inducido por la emoción	173
Conocer libera, y conocer es vivir y ver	176
La aceptación: ver y actuar	178
Las leyes de la vida o las reglas del juego	183

De la experiencia humana al absoluto

Vedanta vijñana: la perspectiva metafísica	190
La expresión del ser, la dicha, el desapego	194
Totalmente implicado y totalmente no-implicado	200

La expansión del ego y el sentimiento de unidad 202
Ser uno con 207
La unidad de la realidad 210

EPÍLOGO 213
ALGUNAS FÓRMULAS DE SWAMI PRAJÑANPAD 217
AMPLIAR SU BÚSQUEDA 222

PREFACIO

¿Cuál es el sentido profundo de la espiritualidad?
Esta pregunta posee a Emmanuel Desjardins, y yo diría incluso que lo obsesiona. Esto es lo primero que me asombró mientras leía su libro: lejos de dar por sentada a la espiritualidad, Emmanuel Desjardins la interroga. Y como gambusino en busca de oro, escarba para encontrar en el fango las pepitas de una sabiduría auténtica. Y es apasionante.

También es valioso. Pues hoy en día, bajo el término de espiritualidad, definimos un conjunto de creencias diversas y poco coherentes que evocan una vaga elevación que no nos compromete a nada.

¿Es posible tomar este compromiso en serio? Porque de lo que habla Emmanuel en este libro es precisamente de un compromiso que llega a lo más profundo de nuestras existencias e implica cuestionamientos muy profundos.

La espiritualidad que aquí se presenta es ese trabajo muy particular que tiene como objetivo abrir aquello que en nosotros está cerrado; liberar aquello que está preso en nosotros.

Y ahí está la gran paradoja. Sólo encontramos la luz al atravesar la obscuridad. Sólo encontramos la salida de la caverna si estamos decididos a recorrerla. Como decía Kierkegaard: "Sólo aquél que desciende a los infiernos salva a la bien amada".

A nuestro tiempo no le hacen falta promesas —se encuentran por doquier—, sino saber cómo reconocer aquello que está herido en nuestro interior.

También es necesario que comparta la ternura que con frecuencia he sentido por Emmanuel a medida que me adentraba más en su texto y que lo veía tomar la responsabilidad de transmitir un aliento, una dirección, un llamado que lo sobrepasa y lo obliga. En ese sentido, yo creo que este libro da testimonio de un momento de nuestra historia.

Ya no estamos en la época de los grandes pioneros, como lo fue su padre, Arnaud Desjardins. En su época, era necesario desbrozar una tierra olvidada y exponer su belleza.

En nuestra época el discurso espiritual es mucho más conocido, las sabidurías de la India, del Tíbet o de América han sido explotadas y, a veces, hasta instrumentalizadas. Por lo tanto, nos toca aportar más precisión, rigor y cuestionamiento.

En ese sentido, este libro es preciado y es testimonio de que el fuego sagrado de nuestros padres aún está vivo.

Fabrice Midal*

---

*Su último libro publicado: *Traité de morale pour triompher des emmerdes*, Flammarion, 2019.

PRÓLOGO

Nací en 1964, más o menos cuando mis padres, Arnaud y Denise Desjardins, conocieron a Swami Prajñanpad. Él estaba muy presente en nuestra existencia: yo oía hablar de él a menudo, y mis padres hacían cada año un retiro de un mes en su ashram en la India.

Cuando falleció en 1974, yo tenía diez años y mi padre apenas acababa de abrir su primer centro, Le Bost, en Auvernia. Mi madre, mi hermana y yo, todavía vivíamos en París. Visitaba a mi padre con regularidad. Ese año, durante una de mis visitas, él vino a mi recámara con un paquete que acababa de llegar de la India. Lo abrió frente a mí y sacó de él una prenda de vestir muy valiosa, el hábito tradicional de swami, de color azafrán, que vistió Swami Prajñanpad. Tomó la prenda en sus manos, se quedó un momento en silencio, y luego se puso a llorar.

Esa escena me marcó. Yo era un niño, pero comprendía intuitivamente lo que mi padre estaba viviendo: una gratitud profunda por todo lo que había recibido de su maestro, un reconocimiento infinito hacia él, por haberlo acompañado paso a paso en su viaje hacia la libertad. Sabía que en el pasado mi padre había sido desdichado e irritable, pero que ahora se sentía dichoso y en paz. Yo presentía el papel crucial que había tenido en esta transformación el amor que Swami Prajñanpad le había dado.

Durante mi niñez, Swami Prajñanpad era como un miembro de la familia. Yo sabía que era la persona más importante del mundo para mis padres, aunque nunca lo viéramos. Yo me había hecho de él una imagen aproximada a través de las conversaciones que escuchaba: era un maestro con gran sabiduría y bondad, había sido profesor de física en la universidad de Benarés, era muy moderno y se había interesado en el psicoanálisis. Su enseñanza era científica, desprovista de todo ritual y de toda creencia. Hablaba inglés y sabía estar disponible para quienes lo visitaban. También había captado que su esposa tenía muy mal carácter, que consentía a los discípulos masculinos de su marido y que era menos amable con las mujeres.

Cuarenta años después, mi conocimiento del hombre y de su enseñanza se ha enriquecido y afinado. Dirijo un centro espiritual dedicado a su enseñanza, fundado por Arnaud Desjardins. Ahí recibimos a personas que buscan con todo su corazón comprender y profundizar este camino. Al mismo tiempo, estoy rodeado de antiguos alumnos de Arnaud, lo cual es un privilegio porque, a través de nuestras conversaciones benevolentes pero no complacientes, me puedo seguir cuestionando.

Algunas veces, contemplo en mi oficina dos objetos que pertenecieron a Swami Prajñanpad y que mi madre me dio, y siento muchísima gratitud por este hombre de quien nunca fui alumno directamente. ¡Le debo tanto! Transformó totalmente la existencia de mis padres, y, en consecuencia, la de mi hermana y la mía, y luego la de mi cuñado, mi esposa, mis colegas, y mis amigos más cercanos. Está en el centro de mi vida familiar desde que nací, en el centro de mi vida profesional y amical, y en el centro de mi camino espiritual.

Emmanuel Desjardins a los dos años con Swami Prajñanpad en 1966 en Bourg-la-Reine (@Hauteville)

INTRODUCCIÓN

El día de hoy, nadie se interesaría en Swami Prajñanpad si no fuera porque una pequeña decena de franceses lo descubrieron en los años sesenta. Así es como la aventura comenzó: un maestro desconocido y anciano se convierte en los últimos años de su existencia en el guía de algunos franceses que, por una extraña coincidencia de circunstancias, fueron llevados a él.

En esa época, Swami Prajñanpad llevaba una vida muy contemplativa. Aunque durante cierto período de su existencia había estado muy activo, en ese entonces vivía en retiro, en la simplicidad más grande atendiendo sólo a las solicitudes de un pequeño número de antiguos alumnos indios que todavía mantenían una relación con él.

Daniel Roumanoff es el primer francés que lo conoció, casi por casualidad, en 1959. Había ido a Ranchi (una población en el estado de Bihar, en la India) a buscar a un profesor de yoga. Decepcionado por ese profesor, estuvo preguntando para saber si había alguien interesante por conocer en la ciudad. Y es así como oyó hablar de Swami Prajñanpad. Se quedó con él durante unos quince días, y a su regreso platicó con algunas personas respecto a este sabio completamente diferente y original. Y es así como nueve franceses, entre los que estaban mis padres, Arnaud y Denise Desjardins, descubrieron a este maestro con quien harían retiros regularmente hasta que murió en 1974.

Me pregunto con frecuencia cómo este maestro realizado pudo permanecer completamente fuera de los circuitos frecuentados por los viajeros occidentales, mientras que manifestaba tal realización y tal aptitud para guiar a partir de un enfoque tan innovador. Pues si bien es cierto que Swami Prajñanpad es bastante conocido en Francia, es prácticamente ignorado fuera de los países francófonos.

Que yo sepa, Swami Prajñanpad no fundó un linaje en la India. En su ashram, que había sido el de su maestro antes de ser suyo, ahora vive ahí un swami muy clásico que no lo conoció. No escribió ningún libro, y lo esencial de su actividad se desarrolló hace ya setenta años. Me pregunto, sin poder responder a esta interrogante, si existen aún en la India personas que se interesen en él, o si cayó en el olvido.

¿Cómo explicar esta relativa confidencialidad?

Primero, Swami Prajñanpad no tenía ninguna demanda personal. Se había liberado del dinero, del poder y del reconocimiento. Vivía como ermitaño limitando sus necesidades a lo esencial, llevando una existencia muy ordenada y pasando mucho tiempo en silencio. La forma misma de su enseñanza limitaba el número de sus estudiantes, pues dedicaba mucho tiempo a aquéllos que le pedían ayuda, al recibirlos individualmente y tomarlos incluso como sujetos de psicoanálisis cuando era necesario. Por otro lado, a veces intervenía de manera concreta en la existencia de sus estudiantes supervisando la escritura de un libro o ayudando a alguno de ellos a encontrar trabajo.

Si alguien venía a él como turista, sabía cómo hacerlo a un lado con suavidad. Se decía disponible para las personas que estuvieran "dispuestas a cuestionarse para dejar de sufrir". Entonces, se interesaba muy precisamente en ellas, adaptándose a las especificidades de su carácter, situación, y necesidades.

A pesar de lo extraordinario que fue Swami Prajñanpad, probablemente tuvo como vocación ser un maestro relativamente desconocido. Dar conferencias ante centenas de personas no correspondía con su estilo. Recibía a sus alumnos individualmente durante una hora. Había disminuido su actividad poco a poco por razones de salud y, en la época en que los primeros alumnos franceses llegaron a él, se limitó a no recibir en su ashram a más de una o dos personas al mismo tiempo.

Quizá otro factor que limitó el flujo de alumnos extranjeros hacia Swami Prajñanpad fue que él provenía de un medio de indios idealistas, patriotas, comprometidos con el trabajo social y algunos de ellos inclusive independentistas militantes. Así, la prioridad no era atraer occidentales sino más bien demostrar que se podía vivir sin ellos. Por otro lado, el período más activo de Swami Prajñanpad como maestro espiritual se sitúa de 1930 a 1955 y, por lo tanto, antes de que invadieran la India los buscadores espirituales venidos de todo el mundo.

Azar, circunstancias o destino, sus nueve alumnos franceses fueron profundamente marcados por su encuentro con él, conscientes de haber descubierto un tesoro espiritual perfectamente adaptado a sus necesidades. Entre ellos, Daniel Roumanoff y Arnaud Desjardins jugaron un papel particularmente importante para darlo a conocer después de su muerte. Daniel Roumanoff tiene el doble mérito de haberlo descubierto, y después, de haber consagrado su existencia a recopilar, traducir, transcribir y publicar todas las fuentes disponibles, esencialmente las cartas y las entrevistas grabadas… Mi padre, por su renombre, lo presentó al público en general: en Francia Swami Prajñanpad fue conocido en un inicio como "el maestro de Arnaud Desjardins".

Como Sócrates, Epicteto o Jesús, Swami Prajñanpad no escribió nada, jamás buscó dejar huella de su enseñanza, ni quiso darle una estructura. En mi juventud, no se disponía de ningún documento escrito por su propia mano, a no ser por un puñado de cartas. Yo no lo conocía más que a través de lo que me contaban mis padres y los otros discípulos franceses. Eso ya era mucho: un corpus precioso hecho de recuerdos, de anécdotas, de entrevistas, y de fórmulas contundentes[1]. Este corpus era muy fiable, porque el recuerdo era muy vivaz y el tiempo no había llevado a cabo su trabajo de deformación. Por otro lado, los discípulos franceses habían tomado notas que sometieron a la consideración de Swami Prajñanpad, lo que les confirió cierta autenticidad.

Luego, como lo evoqué más arriba, Daniel Roumanoff emprendió un trabajo titánico para recuperar toda la correspondencia que Swami Prajñanpad mantuvo con sus discípulos indios y franceses, recientes o antiguos. Así pudo recuperar, recolectar y traducir centenares de cartas, de las que algunas se remontan a los

---

1. Respecto a estas fórmulas, consultar el libro de Véronique Desjardins, *Las Fórmulas de Swami Prajñanpad, comentadas por Arnaud Desjardins*, Hara Press, 2017.

años 40. Algunos discípulos indios habían ya escrito testimonios o recuerdos relatando las palabras de Swami Prajñanpad, y otros habían grabado en banda magnetofónica sus entrevistas con él. Daniel Roumanoff las hizo traducir y transcribir. Ahora disponemos de una obra importante y completa en la cual me apoyé para escribir este libro.

PRIMERA PARTE

La vida de Swami Prajñanpad
(1891-1974)

"Todo lo que se le presenta a usted, se le presenta como un desafío y una oportunidad."

No se puede escribir una biografía de Swami Prajñanpad como lo haría un historiador, pues como ya lo mencioné, aunque tenemos en nuestro poder fuentes importantes respecto a su enseñanza, no disponemos más que de poca información sobre su vida. La mayor parte de ésta proviene de Swami Prajñanpad mismo. Nunca escribió sus memorias, pero en el transcurso de entrevistas, así como a través de diferentes cartas, él evocó ciertos episodios de su existencia, como migajas, en fragmentos, a través de anécdotas difundidas a cuentagotas siempre con el afán de ilustrar algún aspecto de su enseñanza.

Daniel Roumanoff reunió todas las fuentes disponibles sobre la vida de Swami Prajñanpad. No podemos menos que recomendar su libro, *Swami Prajñanpad, Biographie*[2], a aquéllos que deseen profundizar sobre el tema. Su trabajo es inmejorable porque asoció una metodología rigurosa con el conocimiento íntimo del hombre. Por otro lado, después del deceso de Swami Prajñanpad, pudo interrogar de viva voz a las últimas personas que lo conocieron: su esposa, su hija, y sus discípulos todavía vivos, hoy ya fallecidos a excepción de su nieta que vive en Calcuta.

Desde el punto de vista de las eventualidades, la vida de Swami Prajñanpad no es nada exitante y se podría relatar en unas cuantas líneas. El interés está en otro lado: en su vida interior, a través de la cual se puede seguir paso a paso la génesis de su enseñanza. Aunque haya vivido hasta los 83 años, se puede considerar que su biografía se detiene en 1930 cuando, a la edad de 39 años, se instala en el ashram de su maestro, quien acaba de morir. A partir de ahí, sus días se repiten casi idénticos hasta el fin de su

---

[2] Ediciones de la Table Ronde, 1993.

existencia. Los cuentos para niños, después de muchas peripecias, generalmente terminan con la expresión: "Se casaron y tuvieron muchos hijos". Aquí la fórmula podría ser: "Él se retiró y tuvo algunos discípulos…". Esta fórmula lapidaria podría ser suficiente para resumir un período de más de cuatro décadas.

Por lo tanto, mi propósito es interesarme aquí sobre todo en lo que pasó antes de 1930 a través de los principales elementos biográficos con los que contamos para aclarar los rasgos de carácter, los acontecimientos y el contexto que permiten comprender cómo se formó su enseñanza y cómo se desarrolló su manera tan particular de transmitir y de guiar a quienes acudían a él.

Swami Prajñanpad no siempre se llamó así. Su nombre de cuna era Yogeshwar Chatterjee. Cambió su nombre a raíz de su iniciación en los años 30.

Siguiendo el ejemplo de Daniel Roumanoff, voy a utilizar el nombre de "Yogeshwar" para evocar todo el período que precede a su iniciación como Swami[3], y "Swami Prajñanpad" para el período siguiente.

Para referirme a él, también voy a utilizar a veces el diminutivo *Swamiji*, el nombre que tradicionalmente dan los discípulos a un *swami*. Este diminutivo expresa un vínculo de respeto y afecto. En fin, tal y como se acostumbra en la India, Swami Prajñanpad hablaba con frecuencia de sí mismo en tercera persona y empleaba expresiones como "el joven", "el muchacho", "Swamiji", o simplemente "él", como en estos ejemplos en los que habla de sí mismo: *"Swamiji no puede actuar de otra manera. Su naturaleza siempre ha sido la de dar"*, o *"El muchacho solamente quería dar, dar y dar"*.

PRIMERA INFANCIA

Yogeshwar nació el 8 de febrero de 1891 en una aldea llamada Chinsura, a unos cincuenta kilómetros de Calcuta. Pertenecía a la

---
[3] En la India, un *swami* es un monje que ha hecho sus votos y que se consagra al servicio de los demás y a la vida espiritual. La iniciación es la ceremonia en la cual él pasa de ser laico a ser religioso y en ese momento recibe un nuevo nombre.

casta de los brahmanes, y aunque su familia era muy pobre, tenía valores muy elevados: un gran sentido del deber y del servicio, aunado a una hermosa apertura de mente. Su padre ejercía funciones religiosas y la gente de los alrededores venía a buscarlo para pedirle consejos de todo tipo. Era muy querido, pero ya que vivía solamente de lo que la gente le donaba a cambio de sus funciones, llevaba una vida muy sencilla. Recibía a todo mundo en su casa para llevar a cabo la lectura de los libros sagrados.

"Me acuerdo muy bien, cuenta Swami Prajñanpad, cuando muchas personas del pueblo se reunían en nuestra casa… Cada uno tomaba su lugar… y mi padre les leía el *Ramayana* o algún otro libro sagrado. Nunca olvidaré el día en que por fin llegó un ejemplar del *Ramayana* de Tulsidas que mi padre había encargado en algún lugar. Era un libro enorme, y mi padre se lo puso encima de la cabeza, y exclamó: "¡Ah! Qué bendición recibir este libro sagrado, el *Ramayana*". Así, tenía la costumbre de leer esos libros sagrados ante un grupo de personas muy diversas que pertenecían a todas las clases y a todas las castas, quienes todos juntos sentados en el suelo se reunían para escucharlo…[4]"

El padre de Yogeshwar era muy respetuoso con todos los que venían a él, y deseaba que su hijo hiciera lo mismo, como lo atestigua una anécdota que marcó mucho al niño cuando tenía unos seis o siete años. Un día un carpintero vino a trabajar a su casa junto con su hijo Jugal, y Yogeshwar se dirigió a éste llamándolo por su nombre de pila. Ahora bien, sucede que en la India uno expresa respeto hacia una persona de mayor edad al decirle *tío mayor* o *hermano mayor*. Su padre lo reprendió haciéndole ver que él mismo les hablaba con respeto tanto al padre como a Jugal… Yogeshwar entendió entonces que debía decir "*Jugal Dada*" (Jugal, *hermano mayor*) cuando se dirigiera al joven artesano. Y Swami Prajñanpad concluyó: "Y, sin embargo, era una persona de casta inferior, un intocable…[5]".

---
4 Sumangal Prakash, *L'expérience de l'unité*, p. 375
5 *Ibid.*, p. 397.

Desde muy temprano, Yogeshwar comenzó a tomarse ciertas libertades respecto al sistema de castas. Cuando era adolescente, su mejor amigo, un tal Paresh, pertenecía a una casta inferior y, sin embargo, era mucho más rico que él. Un día mientras estaba con la familia de su amigo, sintió sed y decidió pedirle agua a la hermana de Paresh. Según las reglas de pureza, un brahmán no puede consumir ningún alimento que haya sido tocado o servido por un miembro de una casta más baja. Así es que la niña no pudo decidirse a acceder a su demanda. La madre de Paresh intervino para regañarlo y recordarle los deberes de su casta: "¡Quieres beber agua en nuestra casa! ¿Quieres a caso cometer un pecado?". A lo que el adolescente respondió: "No hay ningún pecado. ¿No son ustedes seres humanos como nosotros?".

Otra anécdota ilustra muy bien los valores que su padre quería transmitirle. Un día, éste último le preguntó:

"Supón que una casa de la aldea se incendiara y que el fuego se extiendiera a tu casa y a la casa de tu vecino, ¿qué harías? ¿No tratarías de apagar el fuego?

– ¡Oh! Sí, claro… Iría a ver a los demás y les diría que nuestra casa se está quemando y les pediría agua para apagar el incendio."

Y de allí que su padre se lanzó a darle una larga explicación sobre el beneficio que uno puede obtener cuando ayuda primero a los demás:

"Sí, efectivamente, les pedirías a los demás su ayuda para llevar agua y apagar el fuego de tu casa. Pero supón que, no teniendo agua para apagar el incendio, vas a ver a tu vecino y él te explica que no te puede ayudar, pues su casa también se está quemando. Pensarías que tiene razón. ¿Cómo podría él dejar que su casa se queme para ir a ayudar a apagar la de su vecino? Ciertamente, es un argumento válido. Pero, supón que ayudas a tu vecino, ¿qué dirían los demás? '¡Oh! ¡Oh! Dejó que su propia casa se quemara para venir a ayudarnos. Nosotros también, vamos… vamos a ayudarlo a apagar el fuego en su casa.' Al actuar así, provocarás que los demás tengan ganas de venir a ayudarte a apagar el fuego de tu casa. Pero si tú te ocupas solamente de tu propia casa, los demás dirán: '¡Oh! ¡Oh! Sólo se ocupa de su casa. Dejemos que se las arregle solo'. Y nadie vendrá a ayudarte cuando lo necesites. Entonces, ¿qué actitud conviene tomar? No buscar el propio interés, sino ocuparse del interés de los demás.[6]"

Esta anécdota nos muestra que anteponer el interés del otro al propio, es evidente para el padre de Yogeshwar; no existe otra opción. Y es muy interesante notar cómo lo justifica. En esta anécdota, el amor al prójimo no emana de una moral que evoque nociones abstractas del deber, de la culpabilidad, del sacrificio: "es mi obligación" o "debería" (ser menos egoísta, poner a los demás antes que a mí mismo…). El padre de Swami Prajñanpad aborda las cosas bajo la perspectiva del conocimiento, en términos de causa y efecto: si tú te comportas de esta manera, entonces sucederá esto; si te comportas de otra manera, entonces sucederá esto otro. El amor al prójimo es el medio para instaurar reglas de intercambio y de reciprocidad de las que todo el mundo se beneficia: cuidar al otro entonces se convierte en cuidarse a uno mismo. El no-egoísmo no es solamente una actitud moralmente buena por sí misma, es también una manera más inteligente de vivir. Si actúas con amor, serás más amado y feliz.

UN ADOLESCENTE COMPLETO Y SENSIBLE

El pequeño Yogeshwar tenía once años cuando perdió a sus padres y al mayor de sus hermanos, diezmados por una epidemia de peste[7]. Quien se encargó de él fue otro de sus hermanos mayores llamado Sejda, a quien le tenía un amor y una admiración sin límites. En la India tradicional, la autoridad paternal y el respeto a los mayores no se discutían. Los mayores decidían muchas de las cosas de los más jóvenes. Primero de niño y luego ya joven, Yogeshwar se sometió a esta regla con frecuencia de buena gana, aunque a veces, lo hizo a regañadientes. La tradición lo incitaba a

---

6 Sumangal Prakash, *op. cit*, p. 397
7 Según Daniel Roumanoff, la edad de Yogeshwar cuando murieron sus padres es incierta. Mientras que por otras fuentes, el podría haber tenido seis o siete años. Pero lo más probable es que hubiera tenido once años.

hacerlo, reforzada por la lealtad absoluta que sentía para su hermano. Esta situación continuó así hasta que Yogeshwar se convirtió en Swami Prajñanpad, entonces, al renunciar al mundo, ya no tenía que someterse a las reglas que prevalecían en este.

Después de la muerte de sus padres, Yogeshwar y las pocas personas de su familia con las que vivía se encontraron hundidos en una gran pobreza. El niño sufrió de desnutrición, lo que trajo a la larga repercusiones en su salud. Iba de puerta en puerta mendigando dinero para comprarse los libros de la escuela y dormía en el piso sobre una vieja estera. Sejda estudiaba en Calcuta. Yogeshwar sabía que si su hermano se hubiera enterado de la situación en la que se encontraba su familia, hubiera interrumpido sus estudios para encargarse de ellos. Así, hizo todo lo necesario para que Sejda nunca se enterara realmente de la situación, cuando venía de visita preparaban comidas más abundantes, dándole así la impresión que no les faltaba nada. Un día sus sandalias estaban muy gastadas y, al no tener los medios para comprar otras, se vendó los piés para esconder el hecho de tener que caminar descalzo, hasta que su profesor se dio cuenta y le regaló un par de zapatos nuevos.

Esta miseria material no impidió que el adolescente continuara sus estudios y la familia siguió viviendo en una atmósfera de solidaridad, dignidad y amor.

Durante este período de preadolescencia y de adolescencia, Yogeshwar ya mostraba algunos notables rasgos de carácter. Era íntegro. Si percibía alguna incoherencia en su propio comportamiento, la corregía de inmediato y definitivamente. Tenía un sentido agudo de su propia dignidad, concebida como la ausencia de comportamientos indignos que emanan de la dependencia, la avidez, el egoísmo, la incoherencia y la impulsividad. Desde su punto de vista, resultaba muy degradante ser esclavo de los deseos burdos, ser incapaz de anteponer el interés de los demás al suyo propio, pretender hacer una cosa y hacer lo contrario, etc.

La anécdota de la sal ilustra bien este aspecto. Le encantaban los alimentos salados y siempre añadía un poco de sal en su plato. Un día a los catorce años, añadió como de costumbre bastante sal a su plato. Al terminar de comer su cuñada le preguntó si le había gustado la comida. Yogeshwar contestó que sí, entonces, la cuñada y las otras mujeres presentes empezaron a reír.

"¿No le faltó nada?
— No, no, nada.
— Y la sal… ¿Tenía suficiente sal?
— Sí, estuvo perfecto.
— Pues bien, observa."

Yogeshwar observó entonces su plato con más atención, probó la sal tres veces seguidas y se dio cuenta de que no era sal, sino harina. Entonces dijo:

"Nunca me vuelvan a dar sal."

Las mujeres pensaron que había tomado mal la broma y le insistieron que cambiara de parecer, pero él no cedió.

"No te enojes con nosotras, queríamos solamente bromear. Eso es todo.

— No, no estoy para nada enojado, pero ya no quiero más sal a partir de mañana. Eso es todo[8]."

Es cierto que el joven Yogeshwar se sintió ridiculizado ante sus hermanas. Y, quizás con un poco de amor propio, tomó una decisión radical. Pero, sobre todo, gracias a este simple episodio, el futuro Swami Prajñanpad descubrió un aspecto fundamental de lo que más tarde se convertiría en su enseñanza: la fuerza de la sugestión del mental y la posibilidad de liberarse de las ilusiones que éste último produce, apoyándose en una visión objetiva de la situación. ¿Qué es lo que había realmente en el plato? Un polvo blanco. Puesto que habitualmente se trataba de sal, él creyó ver sal y, en consecuencia, sintió que la comida estaba salada. Una necesidad fabricada por el mental no es una necesidad real. Si le bastó creer que era sal para sentir la comida sabrosa, es que realmente no necesita sal. La decisión que se desprende de todo esto es muy coherente: ya no me den sal. Para él fue muy sencillo.

Hubo algo más que lo marcó en este episodio: su cuñada se contentó con decirle: "Observa". Y de ahí, él sacó conclusiones decisivas sobre la manera de practicar y de guiar (que, probablemente, su cuñada no tenía en mente en ese momento): "Vea cómo

---

[8] Sumangal Prakash, *op.cit.*, p. 308.

esta expresión en sí misma era hermosa, 'observa'. No había nada más que decir, simplemente: 'Observa, cometiste un error, simplemente, observa… ve' y la verdad surge."

Este episodio lo tocó profundamente y le hizo tomar conciencia de lo absurdo de la condición humana: uno rocía su plato con harina y "siente" el sabor de la sal, simplemente porque cree que se trata de sal. ¿De qué somos pues conscientes? ¿Es eso "vivir"? Y Yogeshwar se hace la pregunta: "¿Vale la pena vivir una vida así? Esto no es más que muerte[9]". Ese sentido de la dignidad y este radicalismo podían acompañarse de amor propio excesivo, idealismo, intransigencia, actitudes todavía egocéntricas que provocaron muchos excesos y sufrimiento antes de que Yogeshwar los pusiera definitivamente en tela de juicio.

Otro rasgo de carácter presente en el adolescente era su amor por los demás, su devoción, su apego. Este amor podía ser muy intenso. Él decía de sí mismo: "Swamiji no puede actuar de otra manera. Su naturaleza siempre ha sido la de dar, dar, poner el interés de los demás antes que el propio; eso es parte de sus características intrínsecas[10]." O: "Desde el principio, el muchacho no quería más que dar, dar, dar". O también: "Estaba tan lleno de amor por sus amigos que hubiera podido hacer cualquier cosa". Cuando su mejor amigo, Paresh, cayó enfermo, se quedó parado frente a la puerta de su casa durante horas esperando noticias.

Esta disposición a amar podía tener una cierta ingenuidad. Un día, cuando se encontraba en un compartimiento del tren que lo llevaba al colegio lleno de estudiantes y mendigos, un hombre en el suelo lloraba porque su hijo se había ido, su vieja madre ya no tenía nada que comer y además le habían robado todo su dinero. Yogeshwar se puso en el lugar de este hombre y sintió todo su sufrimiento, su soledad. Fue muy conmovido y se quedó asombrado por la indiferencia de los demás pasajeros que ni siquiera volteaban a ver al mendigo. Tanto así, que le dio el poco dinero que traía, privándose así de alimentos cuando no siempre podía comer a saciedad.

---

9 Sumangal Prakash, *op.cit.*, p. 308
10 Daniel Roumanoff, *Swami Prajñanpad, biographie*, p. 8.

Cuando regresó a su casa ese día, le contó lo que había pasado a su hermano Sejda, quien le respondió sonriendo: "Por la manera como cuentas la historia, me parece que te engañaron". De ahí, siguió un diálogo de sordos en el que el joven Yogeshwar afirmaba que había actuado bien, mientras que su hermano no dejaba de repetir: "Hiciste lo que era justo, si hubiera sido verdad". A lo que Yogeshwar respondía: "¿Por qué repites siempre lo mismo? Claro que era verdad". Y Sejda agregaba con ternura: "Debes de ser más cuidadoso. Este tipo de cosas te impresiona fácilmente. ¿Cómo le vas a hacer para abrirte camino en la vida[11]?". La actitud de Sejda es interesante y nos muestra cierta grandeza moral. No hay ni cólera ni culpabilización, ni reproche en lo que dice. Considera como algo muy correcto el ser tan generoso cuando uno encuentra a un verdadero desdichado.

Yogeshwar no comprendió la lección de su hermano en el momento, sino hasta tiempo después, cuando encontró al mismo hombre quien de acuerdo con las circunstancias, no se presentaba como hindú, sino como musulmán. La prueba del engaño era indiscutible.

Este amor compasivo era sostenido por una sensibilidad muy fuerte acompañada de una gran emotividad. Para comprender a Swami Prajñanpad y a su enseñanza es muy importante saber distinguir estos dos términos. La *sensibilidad*, en el vocabulario de Swami Prajñanpad, es muy positiva y corresponde a una vida del corazón inteligente y sana. La sensibilidad es tanto una capacidad de sentir como una herramienta de conocimiento, un instrumento de medición que permite percibir los estados interiores de quienes amamos con empatía, calor y ternura. Por *emotividad*, al contrario, designa el aspecto egocéntrico de la vida del corazón. La emotividad puede estar muy cerca de la sensiblería y de la histeria. Siempre es un poco sobreactuada. La emotividad puede ser muy espectacular y con frecuencia incluye una parte de arrebato, de sofocación o de complacencia.

La sensibilidad permite comprender al otro mientras que la emotividad enceguece. Otelo, por ejemplo, en la obra de

---
11 Sumangal Prakash, *op. cit.*, p.347.

Shakespeare que lleva su nombre, es devorado por los celos hasta el punto de caer en una crisis de apoplejía. No es sensible, sino más bien *emotivo* y esto lo hace totalmente incapaz de percibir lo que realmente está sucediendo en el corazón amoroso de Desdémona.

Disminuir la emotividad y cultivar la sensibilidad es uno de los grandes retos del camino propuesto por Swami Prajñanpad. Desde su más tierna infancia, él era extremadamente sensible, con un corazón abierto e inclusivo, lo que le daba una enorme capacidad de cuidar a los demás. Pero también era muy emotivo, lo que a veces jugaba en su contra. Aparentemente, su emotividad no incluía muchas emociones como la ira, los celos, la culpabilidad y el resentimiento. Se trataba más bien de un sentimentalismo desbordante y crédulo, asociado al amor o a la exaltación que Yogeshwar podía sentir por su prójimo o por la humanidad en general.

De adolescente, era por lo tanto muy intenso; quizás hasta demasiado. En ese entonces ya tenía un gran dominio de sí mismo. Poner los intereses de los demás antes que los propios era para él evidente. Todo lo que le impidiera honrar esos valores ofendía el sentido de su dignidad y llegaba a interpretarse como una pérdida de su estatus de ser humano. Bajo el yugo del arrebato, de la ceguera, la emoción, el deseo, la avidez, el miedo, el egoísmo, la estrechez mental y la arrogancia, ¿qué es el hombre si no un esclavo?

Yogeshwar poseía dos cualidades muy importantes: la lucidez y la sensibilidad. Pero esas cualidades tienen sus fallas, que son la intransigencia y la emotividad. La lucidez en él se traduce inmediatamente en una coherencia en su comportamiento: a partir del momento en que vio que él había "fabricado" su gusto por la sal, ya nunca tuvo más necesidad de sal. Pocos seres humanos son capaces de una coherencia similar, y si la tuviesen, ¡a qué precio sería! Cuando se trata de nuestras contradicciones, de nuestras incoherencias y nuestras debilidades somos un poco como la mayoría de los fumadores: sabemos que tenemos que dejar el tabaco, pero no somos capaces de hacerlo. Esta exigencia de coherencia en el comportamiento lo condujo en la edad adulta a mucha intransigencia, dureza e idealismo según una regla tácita: si funciona para mí, debe de funcionar para los demás también. Así es como llegó, algunos años después, a maltratarse a sí mismo sin piedad y a infligir esta misma forma de trato a sus prójimos: a sus alumnos y, sobre todo, a su esposa, a quien le hizo la vida muy difícil.

También, la lucidez debe estar bañada imperativamente por la sensibilidad, pues sin ella se convierte en un arma despiadada. La sensibilidad vuelve a la lucidez compasiva e indulgente, nos permite ponernos en el lugar del otro, tratarlo con delicadeza, perdonarle sus debilidades y curar sus heridas. Pero no es tan sencillo, pues la frontera entre la sensibilidad y la emotividad es porosa. Mientras más grande sea la sensibilidad, más fuerte puede ser la emotividad, y resulta en detrimento de la lucidez, como lo vimos en la anécdota del mendigo estafador.

¿Cómo conciliar todo esto? ¿Cómo liberarnos de la intransigencia y de la emotividad al mismo tiempo que afinamos nuestra lucidez y nuestra sensibilidad? El joven Yogeshwar vivía todas estas contradicciones de manera extrema y tenía una necesidad vital de resolverlas. De esta necesidad nacieron un día algunos puntos clave de su enseñanza: la diferencia entre *pensar* y *ver*, entre *emoción* y *sentimiento*, entre *acción* y *reacción*; el análisis fino y preciso de la relación entre rechazo, pensamiento y emoción; el tomar en cuenta la fuerza del mental y otros aspectos más.

En fin, podemos observar aquí una dificultad a la cual Swami Prajñanpad tendrá que enfrentarse más tarde en su papel de maestro espiritual: ¿cómo adaptar el camino a personas para quienes la demanda espiritual es menos intensa, menos absoluta de lo que fue la suya?

TRES POEMAS

De joven, Yogeshwar escribió numerosos poemas místicos y devocionales de los cuales nos llegan algunos. Estos poemas contienen la semilla de los elementos que nos ayudan a entender la lógica que sustenta su enseñanza.

El tema de la impermanencia está siempre presente. En el hinduismo, la creación y la destrucción, así como el nacimiento y la muerte, son vistos como formas complementarias. Como la materia se transforma permanentemente, la aparición y la desaparición son indisociables. Todo fenómeno, toda forma pasa por tres fases: nacimiento, preservación, muerte (o bien: creación, conservación, destrucción) encarnados por tres dioses, Brahma, Vishnu y Shiva. Esta ley es válida en el plano astronómico (las estrellas desaparecen después de millones de años) y es evidente en el reino de lo vivo: todo lo que nace acaba por morir. Concierne también a todas las situaciones de la vida cotidiana: una película, la visita de un amigo, el tiempo que viviremos en una casa, nuestras relaciones amorosas, nuestro trabajo; todo tiene un inicio y todo tiene un final. No está ni bien ni mal, es una ley universal: la ley del cambio.

Si bien este tema de la impermanencia les resulta igualmente atractivo a los poetas románticos occidentales, estos últimos la evocan con mucha frecuencia con un tono de nostalgia, de lamento, con una melancolía más o menos apacible: aquéllos a quienes amamos terminarán muriendo, la dicha nunca dura suficiente, todo termina en el olvido...

Musset escribió:
Sí, no hay duda, todo muere, este mundo es un gran sueño
Y la poca dicha que en el camino encontramos
Apenas tenemos ese junco en la mano que el viento nos lo arrebata.
He visto bajo el sol pasar muchas otras cosas más
que el follaje del bosque y la espuma del agua
Muchas otras irse, no sólo el perfume de las rosas
Y el trino de los pájaros[12].

Y Hugo:
Yo sé que el fruto cae cuando el viento lo sacude
Que el pájaro pierde su pluma y la flor su perfume.
Que la creación es una rueda de molino
Que no puede moverse sin aplastar a alguno[13].

---

12 Musset, *Le souvenir*
13 Hugo, *À Villequier*

Y también:
No, el avenir no es de nadie
Señor, el avenir es de Dios,
Cada vez que la campana suena
Todo aquí nos dice adiós[14].

En su biografía de Swami Prajñanpad, Daniel Roumanoff cita tres poemas de juventud en los que Yogeshwar aborda el tema de la impermanencia pero con una tonalidad muy diferente. Asume la impermanencia con júbilo y audacia. El hecho de que la materia sea cambiante o que la existencia se acabe con la muerte no es concebido como una forma de hostilidad hacia el hombre: es maravilloso estar vivo. La manifestación, la creación y el mundo ofrecen tantas posibilidades de experiencias que es necesario zambullirse sin miedo en el formidable movimiento creativo de la vida, aceptando el incesante juego de las transformaciones.

En el primer poema se dirige a Rudra, quien encarna el aspecto destructor de Shiva:
Tú te precipitas para devorar a la tierra
¿Qué canción de destrucción universalnos cantas?
¡Oh infinito! Oh, Tú que nos eres favorable
La música silenciosa de la destrucción
Acompaña a la de la creación.
Nunca nos has sido desfavorable
Nunca has dado lugar
A la desesperanza en tus planes.
Yo me inclino, oh Eterno, oh Shiva, oh Rudra
A tus pies[15].

En estas pocas líneas, él reconoce, como todo hindú, que creación y destrucción son indisociables, pero él va un poco más lejos al afirmar que Rudra, el destructor, nunca le ha sido desfavorable al hombre y que no hay lugar para la desesperanza.

---
14 Hugo, *Napoléon II*
15 *L'art de voir*, ediciones Accarias, 2001, p 146.

En un segundo poema dirigido a su espíritu, dice:
Oh, mi espíritu,
Tú serás victorioso
¿Por qué esta alma desespera
Cuando el universo rebosa néctar?
¡Levántate! Oh, tú, el temerario,
Tú el vencedor de la muerte,
¿A que le temes, pues[16]*?*

Él sabe que la impermanencia es causa de miedo (miedo a sufrir, miedo a la decepción, a la separación, al fracaso...) y que el miedo trae consigo la pusilanimidad, la pasividad y el repliegue sobre uno mismo. Y el joven afirma que quiere marchar en otra dirección. Se necesita audacia para vivir plenamente. Hay una cita célebre de Tennyson que es muy cercana a esta manera de sentir: "Más vale haber amado y perder lo que uno ama, que no haber amado". A lo que podríamos agregar: "...Y amar de nuevo, aunque volvamos a perder". El joven Yogeshwar generaliza la propuesta a todos los aspectos de la condición humana; a todas las posibilidades. En él no se siente ni arrepentimiento, ni amargura, ni decepción.

Swami Prajñanpad comenta estos dos poemas en una carta a su discípula Minati Prakash: "Entonces, ¿de qué sirve inquietarse? El juego del cambio prosigue: hay altas y bajas, uniones y separaciones, júbilo y lamentación, creación y destrucción, el juego de lo finito en el seno de lo infinito. ¡Deje que todo eso siga! ¿Por qué considerar uno de los dos aspectos como si fuera el único verdadero: los puntos altos, las uniones, los júbilos, la creación? Los puntos bajos, las separaciones, las lamentaciones y la destrucción son la otra cara de la misma moneda. Los dos van siempre juntos: si uno de los dos vence, el otro está forzado a aparecer para destruirlo; pero lo que es paz permanece en paz y estable[17]."

Un tercer poema confirma y completa los dos precedentes. Swami Prajñanpad presentó este texto en 1947, años después de

---
16 *Ibid.*, p 144.
17 *Ibid.*, p 145.

haberlo escrito: "Surgió en el alba de mi juventud después de una experiencia que iluminó la meta y el sentido de mi vida".

Primero, el poema presenta a la naturaleza como llena de deseo y de vitalidad:

El botón, lleno de perfume, desea tomar la forma del fruto;
El arroyo, loco de alegría, corre impetuosamente hacia el mar;
Las motas de polvo acarician en sus corazones la esperanza de convertirse en montañas;
La brillante luna nueva, en su felicidad sin límite, languidece por llegar a luna llena.

Más tarde, cuando Yogeshwar estudió física, dejó de presentar a la naturaleza como conmovida por el deseo. Desde un punto de vista estrictamente científico no se puede concebir que una gran piedra como la luna pueda estar loca de felicidad, pero poco importa. Lo que cuenta es la afirmación de la vida como un impulso, en el que cada quien va hacia su plenitud con asombro:

Todo el universo está encantado ante ese juego maravilloso de la Totalidad.

Para el ser humano, se trata de estar jubilosa y valientemente en armonía con ese movimiento:

¿Por qué solamente tú permanecerías al margen, ignorante, pasivo, insensible?
Levántate, despierta, oh valiente, mira este juego, abandona toda cobardía;
Lánzate hacia adelante, apodérate del conocimiento que viene de los tesoros de la Madre Universo[18].

Uno tras otro, estos tres poemas nos muestran una perspectiva perfectamente clara. Nos invitan a participar activamente en el "maravilloso juego de la totalidad"; a gozar de este "universo que rebosa néctar", so pena de convertirnos en "almas desesperadas" sometidas a la ignorancia, a la pasividad, a la insensibilidad y a la cobardía. Estamos muy lejos de la tonalidad nostálgica de la poesía romántica. A partir de una misma constatación –la impermanencia–, Yogeshwar saca conclusiones diametralmente opuestas.

---

18 *La vérité du bonheur*, ediciones Accarias, 2001, p 101-102

Así, vemos que, para él, el conocimiento no se reduce a la erudición, sino que viene de la experiencia que uno adquiere actuando, sintiendo y tomando riesgos. La regla del juego es abrazar la totalidad; es decir, todos los aspectos de la condición humana. Tanto lo bueno como lo malo, tanto el éxito como el obstáculo, todas las formas de la transformación, la "silenciosa música de la destrucción" que "acompaña a la de la creación". Aquél que deja de lado un aspecto de esta totalidad, se limita y se marchita. Se queda en la orilla, por así decirlo.

Claro que hace falta valor, dejar de dormir y levantarse: "Levántate, tú que no tienes miedo, levántate, despierta, oh valiente". En ese momento, tenemos cita con la dicha. Nada puede obstaculizar nuestra culminación plena. Porque al igual que el botón está llamado a transformarse en fruto y el arroyo a lanzarse al mar, cada uno de nosotros lleva en sí su plena realización; a cada uno de nosotros le espera la audacia, el conocimiento, el despertar.

Y es así como Yogeshwar termina su poema:
Llena totalmente tu corazón con la canción de un nuevo despertar.
Con la dulzura de la que te llenaste y que viene de la acción,
del conocimiento y del amor, que puedas tú llegar a ser un nuevo Nimai
[Nimai fue un gran santo]
...Y haciendo esto, saciar con ese néctar la sed de tu corazón.

ESTUDIOS CIENTÍFICOS Y LITERARIOS

Cuando su maestro aún vivía, los estudiantes franceses siempre especificaban que Swami Prajñanpad había sido profesor de física en la Universidad de Benarés. Al parecer, eso era un aspecto esencial de su ser. Sin embargo, su trayectoria demuestra que fue también, y por mucho, un literato. Terminó sus estudios secundarios con un primer premio de composición en bengalí y escribió numerosos poemas. Deseaba proseguir sus estudios en letras, pero su hermano Sejda lo empujó hacia la senda científica. Sejda pensaba, y probablemente con razón, que los estudios científicos ayudarían a su hermano menor, demasiado emotivo y exaltado, a mantener los pies en la tierra. Después de múltiples discusiones, los dos hermanos llegaron a un acuerdo: Yogeshwar habría de estudiar literatura india e inglesa, al mismo tiempo que ciencias, con el objetivo final de graduarse en ciencias. Cuando se graduó, empezó a enseñar no solamente ciencias, sino muchas otras materias como literatura india e inglesa, historia del arte y textos sagrados de la India antigua. Su discípulo Sumangal Prakash, quien primero fue su alumno en la facultad de Benarés, cuenta que Yogeshwar no enseñaba física, sino Shakespeare, Rushkin y Sócrates. En su casa daba cursos informales sobre Tagore y los Upanishads. Según Sumangal, "los estudiantes más brillantes comparaban su método de enseñanza con el de Sócrates. Este método particular le atrajo muchos estudiantes[19]."

En una familia muy pobre, hacer estudios de larga duración resultaba un lujo difícil de asumir. Sejda financió los estudios de Yogeshwar con mucha generosidad, aun teniendo sus propios hijos y recursos muy limitados.

Así, Sejda amaba, protegía y sostenía a su hermano menor quien le correspondía con gran devoción, amor y una lealtad infalible. Un día, en la época en que Yogeshwar terminaba sus estudios de liceo, sorprendió el final de una conversación entre Sejda y uno de sus tíos en la que este último trataba de convencer a Sejda de que dejara de sostener las necesidades de su hermano menor:

"Habiendo oído que él se refería a mí, agucé el oído" –contó más tarde Swami Prajñanpad:

"Veamos, dijo el visitante, ¿durante cuánto tiempo piensas seguir manteniéndolo? También tienes que ocuparte de tus hijos. Mándalo a trabajar.

– No, tío, respondió Sejda. Voy a pagar sus estudios por el tiempo que sea necesario. Para él, yo soy su padre al mismo tiempo que su hermano mayor… No puedo permitirme descuidar sus intereses."

Pero el tío no quería ceder tan fácilmente:

"Pero uno no puede depender de un hermano. ¿Por qué haces sufrir a tus propios hijos por el amor a tu hermano?"

Fue entonces cuando Sejda se encolerizó y le contestó:

---

[19] Sumangal Prakash, *Swami Prajñanpad, mon maître*, ediciones Accarias, 2012, p 11.

"Hasta ahora te he dejado hablar, simplemente por tratarse de ti. Si alguien más hubiera hecho lo mismo, ¿sabes lo que yo hubiera hecho?
– ¿Qué hubieras hecho?
– Lo hubiera agarrado del pescuezo y echado a la calle[20]."
Este apoyo incondicional estremeció a Yogeshwar:
"¿Se imagina usted cómo me sentí cuando oí estas palabras?
Estaba yo completamente asombrado. Así es como Sejda habló... pronunció esas palabras... ¡y solamente por amor a mí!
A partir de ese momento, Sejda tomó en mi mente el lugar de un Dios. Me convertí en su esclavo, por así decirlo."

Así es como Yogeshwar pudo continuar con sus largos estudios. Aunque no fue su elección inicial, se apasionó por la ciencia y se formó una elevada idea de las virtudes de un sabio: un hombre que pone la verdad en el punto más alto de la jerarquía de los valores, sin importar que le resulte conveniente o no, que lo cuestione o que lo obligue a renunciar a su confort material o ideológico. Sin embargo, no fue la ciencia la que le dio a Yogeshwar el gusto por la verdad; él ya lo tenía en el punto más alto, como quedó demostrado con la anécdota de la sal.

Podemos pues preguntarnos si fue la ciencia occidental la que le dio a Swami Prajñanpad el rigor científico o si fue él quien atribuyó al sabio sus propias cualidades de buscador espiritual. Para él, ciencia y espiritualidad se complementan sin ninguna dificultad. Daniel Roumanoff cita un artículo de 1929 en el que Swami Prajñanpad "presenta al sabio o al hombre de ciencia como el nuevo *jñani*, el hombre de conocimiento al que se refieren los *Upanishad*. La ciencia se vuelve así la forma moderna de la búsqueda de la verdad de la que los poetas de antaño, los grandes visionarios del pasado nos dieron enunciados[21]." La ciencia se inscribe en la perspectiva del yoga del conocimiento que nos invita a rasgar el velo de la ilusión con la espada del discernimiento.

Podemos preguntarnos cuál fue el impacto de la formación científica de Yogeshwar en su futura enseñanza. Durante toda mi

---
20 Sumangal Prakash *L'éxperience de l'unité*, ediciones Accarias 2013 (4ª edición), p. 349.
21 Daniel Roumanoff, *Swami Prajñanpad, biographie*, La Table Ronde, 1993, p. 57.

niñez, oí decir que la enseñanza de Swami Prajñanpad era "científica". Y es cierto. Presenta ciertas características de ello, ya que está fundada sobre el respeto de la verdad, la observación de los hechos, un gran rigor lógico y el ejercicio más riguroso posible de la discriminación. Más que nada, se trata de no creer en nada, de verificar todo, de experimentar todo: "Como en las ciencias exactas, la ciencia espiritual exige experimentar, encontrar, verificar y realizar la verdad[22]", nos dice.

Frente a la realidad, el científico se cuestiona y se inclina ante la respuesta que ha descubierto; le convenga o no. El físico observa la naturaleza tal y como es, y no como él quisiera que fuera. Esta mirada es no egocéntrica: la naturaleza no está ahí para responder a sus preferencias, a su ideal. Esta óptica es muy diferente del enfoque moral que ve todo desde la perspectiva del bien y del mal. Esto constituye también un profundo cuestionamiento de la manera de funcionar del ego que siempre trata de apropiarse de lo que le conviene y rechazar lo que le molesta.

La observación científica de la realidad es objetiva, pero para Swami Prajñanpad, objetiva no quiere decir fría o apática. Si su enseñanza carece de todo aquello que es "maravilloso" (en el sentido que toma esta expresión en los cuentos de hadas), de todo sentimentalismo, de toda devoción, es para llevarnos a descubrir aquello que es maravilloso en la realidad tal y como es. La comprensión conduce a la admiración y a la aceptación. El sabio penetra el funcionamiento complejo de la naturaleza, se da cuenta de que la aparición de la vida en la tierra es un tipo de milagro y ve cómo todo interacciona con todo. Y esta comprensión facilita la aceptación, pues todo está relacionado. Si adopto una visión muy estrecha de la situación, voy a estar muy decepcionado si empieza a llover cuando yo planeaba un día de campo. Por el contrario, si soy consciente de la totalidad del ciclo del agua, el carácter egocéntrico de mi reacción me saltará a la vista.

Swami Prajñanpad traslada esta actitud al psiquismo del ser humano. Cuando una persona manifiesta un aspecto de su carác-

---
[22] *L'Art de voir*, op. cit., p.28.

ter que me desagrada o me hiere, si tengo presente la profundidad y la complejidad del psiquismo humano, el sufrimiento y el miedo inscritos en el corazón de cada quien, y la construcción de cada personalidad como protección contra el sufrimiento, entonces, no puedo reprochar a nadie que sea quien es. La compasión y la aceptación vienen de la comprensión.

Sin duda existe una dimensión "científica" en la enseñanza de Swami Prajñanpad, pero sería demasiado limitarla solamente a eso.

Swami Prajñanpad llevó a cabo estudios tanto de literatura como de ciencias. Más tarde, descubrió el psicoanálisis. Además de ser buscador espiritual y fino conocedor de los textos sagrados de la India, era también poeta, psicólogo, físico y filósofo, lo que constituyó una afortunada mezcla de influencias. De ahí resultaron algunas características notables: pasión por la verdad, deseo de comprender cómo funciona el mundo, tanto la naturaleza, como el alma humana; una fuerte dimensión contemplativa, una curiosidad que se maravillaba con sus hallazgos, una intuición para captar la esencia de la realidad, un interés por el ser humano, por la naturaleza y por las fuerzas que operan en la manifestación. La fórmula que mejor resumiría su manera de ver la realidad sería: ver con asombro al mundo tal y como es en toda su profundidad.

Se trata de un enfoque a la vez objetivo y contemplativo.

La enseñanza es científica, pero está muy lejos de ser únicamente científica. Es a la vez poética, intuitiva y sensible. En ella no se pueden separar lucidez y compasión. La vida es extraordinaria y estremecedora y desde su infancia, Swami Prajñanpad siempre estuvo obsesionado por dos preguntas fundamentales:

¿Hasta dónde estamos dispuestos a ver la realidad tal y como es?

¿Hasta dónde estamos dispuestos a dejarnos afectar?

CASTIDAD Y MATRIMONIO

En relación al matrimonio y la castidad, la India de 1900 era muy diferente del Occidente de hoy. En esa época, como con frecuencia sigue ocurriendo en la India, la sexualidad fuera del matrimonio es inconcebible y los matrimonios son arreglados. Eso no se discute. Sin embargo, la India no es puritana, ya que, aunque la castidad goce de un enorme prestigio, el placer sexual es reconocido como algo perfectamente sano. En este tema también, le corresponde a Sejda, quien se convirtió en el jefe de familia, la misión de encontrar esposa para su hermano menor.

Ahora bien, Yogeshwar no tenía ninguna intención de casarse. Para empezar, tenía muy poco deseo sexual. Confiesa haber tenido algunos impulsos, pero no lo suficientemente intensos como para sentirse con intención de satisfacerlos. De hecho, en este contexto él se desprendió de toda devoción. En la India, la devoción hacia las divinidades del panteón indio, o *bhakti*, es la principal forma de vida religiosa. El joven Yogeshwar tenía por lo tanto en su habitación una representación de Rada y Krishna en "estado de embelesamiento" sentados en un columpio.

A nadie le parecía extraño que hubiera una imagen religiosa en el cuarto de Yogeshwar, pero un día, cuando tenía dieciocho años, la observó con atención y se sintió turbado. Al principio, pensó que este desconcierto era un brote de devoción: después de todo, es normal sentirse conmovido por las divinidades que uno venera. Observando más de cerca, vio que en realidad lo que le turbaba era la sensualidad de la pareja en el columpio. Por lo tanto, para él esta imagen piadosa era una fotografía erótica legitimada por un revestimiento de mitología respetable: "Entonces hay algo ahí que no está bien. ¡Así es que esta es la naturaleza de mi *bhakti*! Lo que en realidad deseo es la sexualidad, pero como no la puedo obtener, entonces pongo una imagen de Rada y Krishna… Esto no es más que pura mentira. Y fue así como mi atracción por la *bhakti* desapareció… Oh, Swamiji se entregaba a la *bhakti* con fervor en esa época y cantaba *kirtana* (cantos sagrados)".

En la época en que se dio esta toma de conciencia, todavía no tenía ninguna noción del psicoanálisis y no había descubierto los trabajos de Freud, pero ya tenía una predisposición muy notable para presentir el poder del inconsciente.

Sus deseos sexuales eran pues, muy débiles, y eso no le preocupaba. Se liberó completamente de ellos después de haber presenciado a un chivo en celo, anécdota que al parecer no dejaba muy tranquilos a sus discípulos franceses, acostumbrados, como buenos occidentales, a una visión más gratificante de la sexualidad. Swami Prajñanpad contaba esta anécdota:

"Un día cuando él (Yogeshwar) era joven, tendría unos veinticinco o veintiséis años, vio a un chivo caminando... Iba detrás de una cabra. Y corría y corría. La cabra corría de aquí para allá y el chivo la seguía. ¿Qué pasa? Él observa. Poco a poco, ve que el chivo emite un sonido: 'ba... ba... ba...'. Emite un sonido... un sonido raro. ¿Y entonces qué ve? Ve que la cabra separa sus patas traseras. Y el chivo la sigue por detrás. Y progresivamente el chivo saca su lengua... gotas de saliva caen al suelo. La cabra está orinando. Y el chivo lame los orines con su lengua. Al cabo de un tiempo, ve que el chivo saca su pene rojo y erguido y de ese pene escurre esperma. Y se mueve así. El joven mira... Entonces el joven sintió de repente: 'Ah, aquí tenemos la imagen de la lujuria (*lust*); he aquí la imagen de la sexualidad. Si yo siento un deseo sexual, así es como actúo. ¡Tan feo! ¡Tan denigrante! ¡Y tomar orines así y actuar de esa manera! ¡Ah! ¿Yo siento eso? Me conduzco de esa manera. ¡Oh! ¡No puede ser!'. Y el joven se sintió de inmediato libre de la sexualidad: no pudo no ser libre de eso. Inmediatamente se sintió ligero[23]."

Esta historia es difícil de asimilar si no se pone en contexto. Sabemos muy bien que la sexualidad puede ser depravada, vulgar, enferma o perversa. Que puede conducir a la manipulación, a la violación, a la pedofilia... Pero esa no es su esencia. Para la mayoría, la sexualidad es positiva e inocente; es la vida misma. Es una posibilidad casi infinita no solamente de intimidad, sino de experiencia espiritual de unidad y de superación del egocentrismo. A partir esta anécdota se puede uno preguntar si Swami Prajñanpad

---

23 D. Roumanoff, *Swami Prajnanpad, Biographie*, p. 45.

reduce la sexualidad a la actitud del chivo. Entonces quedaríamos con la impresión de que deja de lado lo esencial. De hecho, en la segunda parte de la entrevista de donde se extrajo esta parte, Swami Prajñanpad distingue una sexualidad puramente física, sin amor, y una sexualidad que sería la culminación de un sentimiento de amor muy puro y profundo. Algunos años más tarde, tuvo deliberadamente la experiencia de la sexualidad conyugal, de la que obtuvo enseñanzas preciosas respecto a la satisfacción consciente del deseo.

¿Cómo la visión del chivo pudo liberar a Yogeshwar de todo deseo sexual? De hecho, no observa esta escena con una mirada exterior y moralizadora. No se siente moralmente desconcertado. No es como el Tartufo que dice: "¡Esconde ese seno, pues no puedo mirarlo!". Al contrario, podríamos imaginarnos la sorpresa de Tartufo si se diera cuenta de que él es el chivo. Yogeshwar, quien para entonces ya está muy lejos de ser un Tartufo, ve la escena desde el interior; siente en él todo lo que tiene en común con el chivo, todo lo que la humanidad tiene en común con el chivo. Ahí encontramos un nuevo ejemplo de esa mirada de una honestidad implacable que atraviesa todas las hipocresías. Por una parte, como hombre, es animado por la misma fuerza que el chivo y sería capaz de hacer lo mismo. Quizás con menos ímpetu, quizás con un poco más de habilidad, pero en esencia, no muy diferente. Ir hasta el fondo de esta toma de conciencia acaba por liberarlo.

Muchas expresiones de Swami Prajñanpad nos muestran que no reducía la sexualidad a esta actitud degradante y que conocía toda su sutileza y profundidad tanto en el plano físico como en el afectivo. Cuando Sumangal Prakash, uno de sus discípulos muy antiguos, se casó, le confió a Swami Prajñanpad que su noche de bodas no fue en realidad muy exitosa. Este último le escribe una carta sobre las posibilidades que la sexualidad incluye. La primera parte es muy técnica, por no decir cruda, pero termina de esta manera:

"Estremecimientos de placer se expanden a través de los cuerpos y las mentes, la vida entera se llena de felicidad y dulzura y hay un sentimiento de gratificación y culminación. Entonces hay una sensación de plenitud y de totalidad de la vida. Esto es lo que llamamos amor, completud. Encontrar la completud el uno en el otro, tener un sentimiento de plenitud en el corazón, sentir: 'Estoy de hecho satisfecho', eso es el amor... Hay que recordar que usted se prepara para una gran fiesta[24]."

Pero su débil atracción hacia la sexualidad no fue la principal razón de su resistencia al matrimonio. Para este joven idealista, deseoso de entregarse totalmente al servicio social, la perspectiva de arrastrar hacia una vida muy austera a una mujer que aspiraría legítimamente a una existencia normal, le parecía erróneo. Respecto a este punto, supo anticipar con precisión la realidad, pues hizo vivir a su joven esposa una verdadera pesadilla.

Se opuso al matrimonio todo lo que pudo. Al principio logró rechazarlo bajo el pretexto de que era estudiante y que debía esperar hasta que pudiera ganarse la vida. Pero una vez terminados sus estudios, Sejda volvió a la carga. Sabía muy bien que su hermano se oponía, pero no tomó en serio esta resistencia. Respecto a este punto se equivocaba, justificándose con un precepto muy clásico y de sentido común, según el cual un hombre necesita tener una mujer a su lado. El idealismo intransigente de su hermano menor le parecía un exceso pasajero. Creía equivocadamente que una vez que Yogeshwar probara las mieles de la vida marital, cambiaría de opinión.

Viendo su causa perdida después de haber intentado varias veces disuadir a su hermano, Yogeshwar terminó cediendo. Pero puso una condición: que fuera una chica de familia pobre y que no fuera un obstáculo para dedicarse a su lucha social. Tenía veintisiete años. Le encontraron una novia: una chica de once años y medio de nombre Anasuya. La edad de esta niña, hoy nos parece ofensiva. Yogeshwar también lo veía así, pero el resto de la familia no le veía ningún inconveniente puesto que, en la India de la época dar la mano de una niña de esa edad, era costumbre. Cuando él comprendió que todo había terminado y que ya no tenía opción, se sintió agobiado:

"A partir del momento en que se tomó la decisión de manera definitiva, todo pareció detenerse para mí. Ya no tenía ningún

---

[24] Carta del 22 de noviembre de 1939, citada por S. Prakash, *Swami Prajñanpad, mon maître*, pp. 77-78.

deseo, ningún interés por la vida. ¿Qué iba a suceder? ¿A dónde nos llevaría todo eso? ¿Qué sería de esa chiquilla en caso de que mi inclinación no cambiara? ¿Qué iría a pasar? Durante cinco o seis días me sentí terriblemente agitado."

La boda se celebró en 1919. Tomando en cuenta la edad de su esposa (doce años), Yogeshwar anunció que no tendrían relaciones sexuales por lo menos durante dos años. Al cabo de esos dos años, él prolongó su decisión, lo cual no hizo sino aumentar el sentimiento de inferioridad que ella sentía con respecto a él. Para ella, este fue el comienzo de un largo período de sufrimiento, pues recibía constantemente reproches por parte de su familia. Ella admiraba a su marido y no comprendía por qué él la rechazaba abiertamente. Yogeshwar se había casado por obediencia y lealtad hacia su hermano, que era como un dios para él. Tiempo después ocurrió un evento que destruyó el carácter fusional de su relación. Anasuya, su joven esposa, venía de un medio muy pobre. Conforme a la costumbre, su familia se desangraba con tal de enviar regalos. La madre de Anasuya había vendido la joya de oro que llevaba puesta. Yogeshwar le pidió a su hermano que interviniera para que esos gastos cesaran, lo cual provocó un desacuerdo entre los hermanos. Yogeshwar quería poner fin a esos sacrificios financieros exorbitantes y Sejda los justificaba en nombre de las tradiciones. Yogeshwar insistió, y entonces recibió una carta de su hermano mayor, que contenía este reproche: "Me parece que ahora te preocupas más por tu suegro que por tu Sejda."

Esta afirmación, a través de la cual el hermano mayor ponía en duda el amor sin falla que le tenía su hermano menor, le rompió el corazón al joven:

"Deseé que la tierra se abriera y me tragara. Una sola frase en su carta convirtió la totalidad del universo en un espacio desolado y vacío. Me pareció que en un instante el mundo se ennegreció. Se trata de Sejda, quien es para mí lo más preciado en el mundo, quien escribió esas palabras... Me parecía que el piso se abría debajo de mis pies. Durante días y días lloré y lloré[25]."

---

25 Sumangal Prakash, *L'éxperience de l'unité*, p. 258-259-260.

De ahí surgió una pérdida de confianza total. Si su hermano mayor ya no lo comprendía ¿quién podría hacerlo?

"No me comprende. Me quitaron todo. Este ha sido el punto de inflexión más grande de toda mi vida. Si el mismo Sejda puede actuar así, ¿en quién más en este enorme mundo... con quién más puedo contar... en quién me puedo apoyar? Entonces nada es digno de confianza en este mundo..."

Durante dos semanas Yogeshwar, de quien ya conocemos el carácter muy sensible y la integridad, no pudo ni dormir ni comer. Se entregó sin reserva a este sufrimiento, tanto y tan bien, que éste terminó por agotarse y le permitió tener una gran toma de conciencia respecto a lo que después llamaría "la ley de la diferencia": el otro es diferente. No puede corresponder completamente a nuestras expectativas, no puede amarnos, comprendernos, sostenernos como quisiéramos, instante tras instante. Y, al contrario, nos cuesta mucho trabajo comprender al otro. ¿Pero quién puede realmente comprender al otro ya que éste es diferente? ¿Por qué querer a toda costa ser comprendido? ¿Si ya sé que el otro no puede corresponder a mis expectativas, por qué seguir con ellas? No son las palabras o las acciones del otro lo que nos hace sufrir, sino esta expectativa absurda, casi imposible de satisfacer. Y si esta expectativa desaparece, podemos conocer la paz interior, sin importar cómo se comporte el otro. Sejda no es injusto ni malo. Simplemente no comprendió, y en consecuencia es infeliz.

"Y un día, de golpe, vi: malentendido; todo esto se debe a un malentendido... No me entendió... simplemente él no me comprendió. Él también debe de haber sufrido mucho. Su carta muestra cómo sufrió. Es el resultado de un puro y simple malentendido. No me entendió para nada. Es como si de repente un velo que me cubría los ojos hubiera desaparecido[26]." "Todos los sentimientos negativos se borraron: simpatía, dulzura y ternura aparecieron con respecto a él: sí, él es infeliz[27]."

Swami Prajñanpad volvió a tener una relación normal con su hermano, siempre muy respetuosa y amigable, pero este evento le

---
26 Sumangal Prakash, *L'éxperience de l'unité*, p.259.
27 Daniel Roumanoff, *Swami Prajñanpad, Biographie*, p. 54.

permitió tomar interiormente un poco de distancia hacia quien representaba "todo para él".

EL LOCO DE DACCA

Cuando en 1921 Gandhi encabezó el movimiento de independencia nacional lanzando una llamada hacia la no cooperación, Yogeshwar tenía 30 años. Siendo idealista, deseaba consagrarse al servicio social y trabajar en beneficio de la nueva India que emergía, pero no se enroló activamente en la lucha por la independencia, al contrario de sus amigos, colegas o alumnos, de los cuales varios terminaron en prisión.

Fue en esa época cuando tuvo su encuentro con el "loco de Dacca", un hombre con desequilibrio mental que cantaba cantos devocionales y mendigaba comida en la calle. Un día, este "loco" se puso a llorar frente a él, gimiendo: "¿Qué será de mí? Hablo como un pandit (letrado) sabio, pero actúo como un demonio". Esas palabras tuvieron un fuerte impacto en Yogeshwar, "como si alguien le hubiera dado un golpe en el pecho". Las personas que estaban ahí en ese momento no notaron nada fuera de lo común y continuaron burlándose del pobre hombre. Pero Yogeshwar quedó estremecido: ese "loco", en un destello de lucidez, se había dado cuenta al mismo tiempo de su condición y de la imposibilidad de salir de ella. En pocas palabras, había resumido no solamente su propio estado patético, sino el de la condición humana en general: hablar noblemente y actuar de manera descuidada. Y Yogeshwar lo tomó personalmente. "¿Qué es lo que yo hago? ¿No hablo yo como un *pandit* sabio? ¿No sigo actuando como un demonio? Antes de actuar ¿reflexiono para saber si actúo en función de lo que digo? No, no."

Esta toma de conciencia fue radical, y de ella, sacó una conclusión también radical: a partir de ese día, si su discurso no era coherente con su experiencia y su comportamiento, dejaría de hablar:
"Antes de pronunciar una sola palabra, debo de ver si yo mismo soy capaz de actuar de acuerdo con lo que digo. Si no

soy capaz, no tengo derecho a enseñar. No tengo derecho a enseñar sin antes haber tenido mi propia experiencia. Mi boca debe de permanecer cerrada[28]."

En este episodio podemos reconocer el carácter íntegro de Yogeshwar: una capacidad para cuestionarse radicalmente, para aprender la lección de un evento aparentemente anodino, para tomar una decisión coherente con esta toma de conciencia y atenerse a ella.

CRISIS PROFUNDA Y ENCUENTRO CON NIRALAMBA SWAMI

Poco tiempo después de este episodio, un día en el que estaba solo, recordó un versículo del *Bhagavad Gita* que provocó en él una crisis profunda. Ese versículo decía: "Aprende eso mientras seas discípulo, haciendo preguntas y a través del servicio", lo cual interpretó de la siguiente manera: para enseñar cualquier cosa, es necesario primero haberla aprendido; no se puede enseñar más que aquello que se ha adquirido por la experiencia. Pero en esta ocasión, una imperiosa voz que venía de su interior le repetía con insistencia: "Imbécil", y luego: "Imbécil; solamente estás viendo la mitad". Yogeshwar, en efecto, no había retenido más que la mitad del versículo que seguía de la siguiente manera: "Los sabios, aquéllos que *ven* la esencia de las cosas, te darán instrucciones de sabiduría."

En ese contexto, la palabra *"ver"* provoca una toma de conciencia transformadora que genera coherencia en el comportamiento. Si un hombre ha *visto* que todo es vanidad, se espera de él un desapego apacible; si ha *visto* que el egoísmo es un callejón sin salida, se espera de él una dedicación a la vez activa y serena. *Ver* es reconocer la realidad tal y como es y actuar en consecuencia. En el plano espiritual, decir de una persona que ha *visto* la realidad última, significa que esta persona tanto a través de la contemplación como de la experiencia interior está en contacto con la realidad, y

---
28 Sumangal Prakash, *L'expérience de l'unité*, p. 214.

que realiza así su potencial de sabiduría, de amor y de libertad. El hombre común no ve la esencia de las cosas. Se deja fascinar por la apariencia; es presa de la ilusión. El *rishi*, aquél que ha *visto* "la esencia de las cosas", es un hombre realizado: un sabio.

Como de costumbre, la conclusión que de aquí sacó Yogeshwar fue radical: desde antes, él ya consideraba que no tenía derecho de enseñar más que aquello de lo que tenía experiencia. A partir de ese momento sintió que no tenía ninguna legitimidad para enseñar lo que fuera mientras no alcanzara ese nivel en el que "se *ve* la esencia de las cosas". Mientras tanto, debía de caminar, aprender, conocer hombres sabios y ponerse a su servicio para aprender de ellos.

Esta crisis profunda marcó una intensificación del camino espiritual de Yogeshwar. Más tarde, diría de sí mismo que estaba hundido en una angustia y una agitación extremas. Ya no sentía ningún placer y ante los ojos de quienes lo rodeaban parecía mentalmente perturbado. Ansiaba la sabiduría. Presa de intensos cuestionamientos interiores, sufría por sentirse esclavo de la ilusión y de la ignorancia, por estar exiliado de su verdadera morada interior. Un bien intencionado amigo de la familia, viejo y erudito, intentó hacerlo entrar en razón: "¿Qué desea usted? ¿Por qué actúa usted así? Todo mundo espera tanto de usted, y usted actúa como si estuviera mentalmente perturbado. ¿Qué ocurre? ¿Qué quiere usted?". Y Yogeshwar le contestó: "Quiero ver la verdad cara a cara". El hombre continuó argumentando que muy pocas personas lo logran. Pero eso no desanimó al joven que demostró una determinación implacable: "Yo siento que debo lograrlo... Lo voy a lograr. Lo veo. Lo debo obtener ahora"[29]. Como lo escribió después a su hija, estaba permanentemente atormentado por la pregunta: "¿Por qué el hombre comete errores? ¿Por qué sufre? ¿Qué es la verdad?[30]" E interrogaba incansablemente a toda persona que pudiera aportar una respuesta.

Y fue en este estado interior cuando cerca de finales del año de1922, a los treinta y un años, conoció a Niralamba Swami,

---

29 D. Roumanoff, *Swami Prajñanpad, biographie*, p. 64-65.
30 *Ibid*, p. 67.

quien sería su maestro. Su primer encuentro había tenido lugar antes de la crisis. Deseoso de ser coherente con su intención de servicio social, Yogeshwar deseaba fundar una escuela para niños pequeños, y buscando un terreno para este proyecto, conoció a Niralamba Swami. Este último le dio indicaciones sobre dónde encontrar tierras, pero le hizo este comentario a su esposa: "Ese proyecto no se llevará a cabo. Hay un fuego que arde en este joven".

Niralamba Swami era un personaje poco común y extravagante. Era desordenado y fumaba en su narguile. Estaba casado y tenía deseos sexuales al parecer imperiosos. Era grande, muy fuerte, se enojaba con facilidad y les daba miedo a todos. En su juventud había sido combatiente activo en la lucha por la independencia, y la policía inglesa lo consideraba un terrorista peligroso. Era incapaz de soportar la menor disciplina y, sin importarle la contradicción del caso, era muy exigente con los demás. No tenía ningún método, y el rigor y la integridad que Swami Prajñanpad emanaba, le inspiraban una gran admiración. El maestro de Niralamba Swami, Soham Swami, era también un personaje fuera de serie, que primero había sido cirquero, un domador que luchaba con tigres a mano limpia. Él también era muy riguroso y metódico y a Niralamba Swami le costaba trabajo soportarlo.

"Niralamba Swami no seguía, según contaba Swami Prajñanpad, ninguna regularidad en sus horarios. En una ocasión que se estaba quedando con Soham Swami, decidió irse: 'No puedo soportar la disciplina'. Él (me) decía: 'Oh, usted es como Soham Swami. ¡Este método, este rigor!' Era algo que le era extraño. No tenía ningún método; nada que se le pareciera. Lo que le gustaba, lo hacía. Eso es todo. Ningún método...[31]"

El maestro y el discípulo eran, por lo tanto, muy diferentes, lo que no les impidió tenerse mutua estima, amarse y reconocerse mutuamente. Niralamba Swami presintió inmediatamente el potencial del joven y lo trató rápidamente como su igual.

---
31 *Ibid*, p. 172.

Como discípulo, Yogeshwar no tuvo más que algunas entrevistas con Niralamba Swami. Más tarde, Swami Prajñanpad evocó con sus estudiantes esas entrevistas, así como el trabajo interior que de ellas se generó. La brevedad de esas pláticas no es proporcional a su enorme carácter decisivo:

"Swami Prajñanpad recibió de Niralamba Swami tres enseñanzas. Solamente tres. A partir de eso, el joven se puso a trabajar, y el resto se dio como consecuencia. Primero, le preguntó:

– Swamiji, ¿qué es la libertad? ¿Qué es la liberación?

Niralamba sonrió y le dijo:

– La liberación no es más que estar libre de los *samskara*...

"El significado exacto de *samskara* es: *prejuicio mental, juicio de valor*. Inmediatamente el joven se preguntó "¿Qué es esto? ¿La liberación de los juicios de valor, es decir, del bien y del mal? Por lo tanto, hay que renunciar no solamente al mal, sino también al bien. ¿Cómo se puede renunciar al bien? Sin embargo, Niralamba Swami lo dijo con claridad: ¡Ser libre de todos los valores mentales! A ver... Entonces no hay nada bueno ni nada malo; nada agradable ni nada desagradable... Y esto aplica para todo. Lo mismo puede ser considerado como agradable por unos, y desagradable por otros. La cosa es lo que es por sí misma. El mundo, el mundo objetivo es considerado como agradable; como una fuente de gloria por quienes se interesan en la vida mundana, que buscan los bienes de este mundo... la prosperidad. Para quien la vida mundana resulta vana, el mundo es desagradable y arduo. Por lo tanto, no existe nada bueno ni malo en sí. Solamente parece serlo así.

"Niralamba Swami no dijo nada más. Y el joven no le pidió ninguna explicación adicional. Se puso a trabajar y siguió trabajando más y más.

– ¿Está bien así, Swamiji? ¿Entonces, no hay nada bueno ni nada malo?

– Así es, contestó Niralamba Swami. Parece que está bien...

"Eso fue todo. Esa fue la segunda enseñanza. La tercera pregunta del joven fue:

– ¿Cuál es el camino de la liberación?

– No hay nada que hacer, contestó Niralamba Swami, o más

bien haz solamente dos cosas... Dos cosas si puedes. Y entonces serás libre.

– ¿Cuáles son?

– Primero, trata de distinguir lo que es permanente de lo que es impermanente. Luego, trata de discernir entre el Sí-mismo y el no Sí-mismo. Si puedes discernir de manera continua y vigorosamente estos dos aspectos, entonces serás libre[32]."

Cuando Yogeshwar recibió esta enseñanza, las distinciones entre lo que es permanente y lo que es impermanente, entre el Sí-mismo y lo que no es el Sí-mismo, le eran conocidas, al menos en teoría. Realizar el Sí-mismo es, para los indios, el objetivo final de la vida espiritual.

Lo que no es el Sí-mismo, es decir lo impermanente, es todo lo que puede cambiar, que es destructible, que aparece y desaparece. Es el mundo de las formas que se forman, se transforman y se disipan. El Sí-mismo, es aquello que, en cada ser humano es eterno, permanente y no sujeto a cambio. Evidentemente, todo lo que se puede ver de un ser humano –su cuerpo, su carácter, su biografía– compete a lo que no es el Sí-mismo, puesto que todo eso apareció y va a desaparecer; nació y va a morir. El Sí-mismo corresponde a la parte más espiritual e impersonal en nosotros, más profunda que el alma, más esencial que el espíritu, intemporal, eterna, indestructible.

"Debes saber que el Sí-mismo es Consciencia infinita, evidente por sí mismo más allá de la destrucción, e ilumina por igual a todos los cuerpos; siempre brillante. En Él no hay ni día ni noche."

(*Avadhut Gita*)

Claro que un filósofo materialista negaría la existencia del Sí-mismo. Yogeshwar no era un filósofo occidental materialista, sin embargo, resolvió la dificultad a través de un enfoque que podríamos calificar de casi materialista, al menos al principio. Empezó tropezando con una dificultad, pues para él la diferencia entre el

---

[32] D. Roumanoff, *Swami Prajñanpad, biographie*, p. 68-69.

Sí-mismo y el no Sí-mismo, entre lo que es permanente y lo que no es permanente, no estaba clara. Para distinguir el Sí-mismo del no Sí-mismo, es necesario conocer al Sí-mismo. Ahora bien, Yogeshwar constató que él no conocía más que el no Sí-mismo. Entonces se planteó esta pregunta, típica de su enfoque científico basado en la experiencia: ¿qué es lo que prueba que el Sí-mismo existe verdaderamente?

"Hay que partir de los hechos. ¿Por qué debo suponer que existe algo permanente? ¿Por qué debo suponer que existe algo como el Sí-mismo? Nada de juicios *a priori*. Para una mente científica, nada de juicios *a priori*. Debo de partir de los hechos. ¿Qué veo? Veamos: ¿esto es permanente? No. ¿Y eso? No. Así, todo lo que conozco... ¿Qué es permanente? Nada es permanente."

Entonces regresó con Niralamba Swami:
"Swamiji, así es como veo las cosas. Nada es permanente. Y esto aplica tanto para el Sí-mismo como para el no Sí-mismo. El Sí-mismo es imperecedero, inalterable, absoluto. No lo conozco. No lo encuentro. Entonces, ¿por qué debo suponer su existencia? Yo veo que todo es destructible; que todo es relativo. ¿Cómo podemos decir que todo es absoluto? ¿En dónde está el absoluto? No, no hay absoluto en ninguna parte. No entiendo."

Niralamba Swami le respondió: "Para una mente científica como la tuya, corresponde el camino práctico. Muy bien, sigue así". En lugar de distinguir entre el Sí-mismo y el no Sí-mismo, entre lo que es permanente y lo que no lo es, Yogeshwar siguió una nueva pista: realizar que todo es impermanente, que todo es el no Sí-mismo. Este enfoque no contradice al anterior. Es más bien una reformulación cuyos efectos no son para nada despreciables.

Primero debemos de notar que Yogeshwar de entrada no cree nada. Le da prioridad a los hechos y a la experiencia: se interesa en lo que es, la realidad tal y como es. Luego, observa atentamente el mundo en el que vive y lo investiga con todo su ser. Más que voltearse hacia un Sí-mismo o un Dios del que no puede estar seguro, se interesa en el mundo tal y como es y constata que ahí nada es permanente; que todo es cambiante y destructible. Y esta manera de ver ya es aceptación de este mundo tal cual. Desear que las cosas no cambien es inútil. El error consiste en esperar la permanencia de aquello que no la tiene. Comprender eso ayuda a reconciliarse con el cambio, la pérdida y el duelo.

Y por último, la aceptación de la impermanencia es la que nos abre el camino al descubrimiento del Absoluto y del Sí-mismo. Si suprimimos todo lo que es cambiante, ¿qué queda? Aquello que es permanente. A fuerza de observar la realidad relativa en su impermanencia, perdemos toda fascinación, toda complacencia, toda ilusión con respecto a ella, y el Absoluto podrá revelarse. Es un aspecto esencial de lo que más tarde será su enseñanza: quien busca el silencio, primero debe interesarse en el ruido. Si hacemos desaparecer el ruido, el silencio se manifestará; quien busca la felicidad debe interesarse primero en el sufrimiento; la felicidad se manifestará con la desaparición del sufrimiento. Y así seguido.

Al recordar esos encuentros con Niralamba Swami, Swami Prajñanpad diría más tarde que su enfoque era más concreto que el de su maestro: "Eso permite estar con los pies en la tierra. ¿Las enseñanzas son diferentes? No, es la misma, pero expresada de una manera más cristalizada, más con los pies en la tierra". Niralamba Swami apreciaba la originalidad del joven, su deseo de confrontar las enseñanzas tradicionales con la experiencia, su capacidad de reformularlas sin empobrecerlas: "Tú eres como el Buda, le dijo, eres un verdadero vidente. Buda dijo: 'Todo es impermanencia del Sí-mismo, todo es impermanente'. Pero es lo mismo que el Vedanta expresa de una manera diferente". Niralamba Swami tenía razón: la insistencia de Yogeshwar respecto a la impermanencia de la realidad lo acerca al budismo. Cuando Yogeshwar le preguntó si debería de leer los textos sagrados, Niralamba Swami le recomendó permanecer auténtico y fiel a sí mismo: "No, ni los toques. Establécete en ti mismo. Si te pones a leer aceptarás lo que hayas leído como hechos, y vas a terminar en ningún lado. Primero trata de ser tú mismo. Luego, si resulta necesario, si te causa placer conocer lo que dicen los demás, entonces lee. Pero por ahora no". En algunas entrevistas decisivas, el estilo y el método de quien todavía no llega a ser Swami Prajñanpad se revelan y se afinan. Una etapa importante del camino de Yogeshwar acaba de ser superada.

IDEALISMO Y AUSTERIDAD

Yogeshwar tenía muchos deseos de servir, era indiferente al dinero y al reconocimiento, sediento de verdad y dotado de una voluntad extrema. Tenía una capacidad para sacar enseñanzas fulgurantes de acontecimientos aparentemente anodinos. Pero toda cualidad tiene su defecto y un carácter así puede traer consigo un punto ciego: el idealismo, la dureza y la exigencia. Aquello que se imponía a sí mismo, sin consideración por su condición humana, su cuerpo, su encarnación, se lo impondrá al principio a los demás sin piedad ni comprensión.

En 1922, a la edad de treinta y un años, se hizo profesor en la Bihar Vidyapeeth, una universidad fundada durante la revuelta del movimiento de no cooperación e independencia de la India. Esta institución todavía existe. Bajo la iniciativa de Gandhi, se crearon en la India escuelas primarias, secundarias y superiores autónomas, patrióticas y llenas de la rica cultura propiamente india. Los profesores recibían un salario muy pobre.

Y fue en este período cuando Yogeshwar atravesó por lo que él mismo llamaría más tarde su "período de locura". Durante este período sometió su cuerpo, ya de por sí frágil por su mala nutrición durante la infancia, a austeridades extremas que tuvieron consecuencias a largo plazo sobre su salud. "El cuerpo de Swamiji es débil, dijo él mucho tiempo después. Tiene muy pocas reservas. Su debilidad se acentuó cuando Swamiji practicó austeridades en su período de locura. Sentía, de manera errónea, que el cuerpo no era más que materia sin ninguna importancia y que lo único que contaba era el alma. Pero ahí estaba el cuerpo."

Yogeshwar exigió a todos sus prójimos que se alinearan a esta exigencia, sin ninguna consideración respecto a su condición humana. Había que seguirlo o irse. Esa era la regla con sus estudiantes, pero también con su esposa, Anasuya, quien para entonces tenía quince años, y hacía todo lo posible por estar a la altura.

Por ejemplo, a ella le daba miedo el agua y no se atrevía a entrar al río donde los indios se bañaban cada mañana. Yogeshwar le propuso enseñarle a nadar y la llevó lejos de la orilla, a una distancia en la que el agua le llegaba al cuello, y ahí la dejó, para que se las arreglara. Así es como ella relataba, años después, la conversación que siguió a esta prueba:

"Después de lo que me pareció una eternidad, logré llegar a la orilla. Temblaba de miedo.

– Bueno, ¡lograste salir, después de todo!

– Sí, efectivamente, salí del agua –contesté llena de resentimiento– pero pasé por un infierno. Moría de miedo.

– Pero ya lo superaste, me dijo, tratando de tranquilizarme.

– No, para nada superé mi miedo. Y si me fuerzas de nuevo a meterme al agua, será el mismo infierno.

"Por otro lado, yo sabía que si no lograba superar este miedo, y sobre todo, si no obedecía sus instrucciones al pie de la letra, él no me permitiría seguir viviendo con él y me enviaría a la casa de mi padre, eventualidad a la que yo temía más que a nada[33]."

En otra ocasión, sabiendo que ella tenía miedo a la obscuridad, la obligó a ir a un sitio de cremación en una noche sin luna. Ella tuvo que atravesar una zona especialmente obscura para poder llegar. Ya en el lugar, tuvo que enfrentar el olor de los muertos que ardían, los perros y los chacales que merodeaban. En otra ocasión, él caminaba muy rápidamente sin voltear a ver si ella lo seguía. Ahora bien, Yogeshwar era muy alto y ella mucho más pequeña. Por lo tanto, ella tenía que dar grandes zancadas para poder, a pesar de su fatiga, lograr seguirlo.

Estos pocos ejemplos muestran la intransigencia de la que hacía gala Yogeshwar respecto a su esposa. Intransigencia que se sumaba a la falta de confort, de dinero, de afecto y de sexualidad. Este período fue muy traumatizante para la jovencita, que no pudo o no quiso ni rebelarse, ni irse, opciones inconcebibles para ella. Ya fuere por su juventud, por la admiración que sentía por su marido,

---

[33] D. Roumanoff, *Swami Prajñanpad, biographie*, p. 77.

o por el estatus infame que pesaba sobre las mujeres divorciadas, todo explica que ella no haya podido considerar otras soluciones más que quedarse con él y aferrarse.

Así es que hizo lo que pudo: "A pesar de todas estas humillaciones, yo me aferraba a él, pues tenía necesidad de un lugar respetable, que fuera mío, un sostén, un refugio que me permitiera vivir con cierta dignidad. Por eso estaba decidida a no irme bajo ningún pretexto. Lo que había aprendido después de haber vivido con él, era que la manera más segura de retenerlo era obedeciéndole, superar toda forma de miedo, de vergüenza y no oponer ninguna objeción a todo lo que podía sucederme[34]."

Cuarenta años después, cada vez que se presentaba la oportunidad, Swami Prajñanpad le proponía contar delante de él estos episodios a sus alumnos franceses, lo que siempre la sumía en una gran emoción: lloraba o sollozaba incapaz de continuar con su historia. Swami Prajñanpad le proponía hablar de esto con la intención de que ella pudiera vaciar su dolor y también para mostrar a sus alumnos lo absurdo de esta forma de idealismo.

Este "período de locura" se acabó cuando Yogeshwar tomó conciencia del carácter egocéntrico de su intransigencia.

"El comportamiento de dos tipos de personas, explicaba después, los que tienen un ideal muy alto y los que son egoístas y centrados en sí mismos, es exactamente el mismo. En realidad, ambos son egoístas. Ninguno de los dos toma en cuenta a los otros seres humanos. Por ejemplo, antes, cuando Swamiji estuvo casado, se condujo de una manera muy cruel con su joven esposa. ¿Por qué? Porqué era idealista. Era muy duro con ella. Ella tenía que elevarse hasta su ideal. Y si ella no podía hacer lo que él quería que hiciera, entonces tendría que irse. Esa era su actitud... Claro que se pueden encontrar personas que lo defenderán diciendo: 'Él no quería nada para él, y por lo tanto, no era egoísta. Él mismo pensaba así: No quiero nada para mí' ... Pero eso era egoísmo. ¿Por qué? Porque él se había hecho su propia idea de la manera como quería que su esposa se comportara. Así, era su egoísmo el que causaba esta actitud[35]."

---
34 *Ibid.*, p. 83.
35 Sumangal Prakash, *L'expérience de l'unité*, p. 97.

La palabra "idealismo" puede tener diferentes sentidos. En 1939, Swami Prajñanpad distinguió el idealismo justo del idealismo falso. El idealismo justo se fundamenta en el amor a uno mismo: yo me amo suficientemente para darme los medios para avanzar, progresar y realizar lo que llevo en mí.

Este idealismo justo se manifiesta "cuando uno siente un júbilo espontáneo y el sentimiento de su propia fuerza en la búsqueda de su ideal, aunque haya que pelear para lograrlo. El ideal debe de corresponder a la propia naturaleza de uno: debe de estar ubicado un poco más alto que el nivel que uno ocupa en el momento. El idealismo falso: justo lo contrario. Al intentar alcanzarlo, uno se queda sin alegría, como castrado. La idea de que está 'más allá de mis fuerzas' produce un sentimiento de inferioridad. El ideal que se escogió está demasiado lejos, demasiado distante de su verdadera naturaleza[36]."

"Si alguien imita un ideal que le es ajeno, que está demasiado lejos de la situación particular en la que se encuentra, eso sólo puede conducir al desastre[37]."

También lo definirá como "un rechazo de la vida" o de "lo que es". Como lo hemos visto, este idealismo corre el riesgo de generar comportamientos tiránicos.

Por lo tanto, Yogeshwar tomó conciencia del hecho de que su idealismo era una expresión del ego, como le confió más tarde a un estudiante:

"Swamiji tenía un ego muy fuerte. Ese ego se aferraba firmemente a lo que consideraba justo, sin importar cuál fuera el sacrificio que implicara. Si es justo, es necesario hacerlo. Y nada más. Todo aquél que venía a ver a Swamiji era sometido a esta prueba: si puede usted actuar así, venga; si no, váyase... Swamiji sintió que esta actitud era también expresión del ego. Aunque fuera justa en cierto modo, no era verdaderamente justa, sino parcialmente justa, porque no tomaba en cuenta la variedad, la infinita variedad de la creación. Solamente toma en cuenta un modelo. Aquél que se ajuste, muy bien, es acepta-

---

[36] *La vérité du bonheur*, p. 18.
[37] D. Roumanoff, *Swami Prajñanpad, Biographie*, p. 178-179

do. Pero no todo el mundo es así. Cada quien tiene sus limitaciones y no puede llegar más que hasta donde le es posible[38]."

Después, Swamiji tomó una actitud radicalmente opuesta a esa intransigencia: una compasión y una paciencia sin límites, un enfoque hecho de ternura, una aceptación incondicional del otro... Tomar conciencia del carácter mortífero del idealismo lo llevará también muy lejos en el amor a la vida *tal y como es*, y a tomar en cuenta las fuerzas profundas que ella activa. Toda la flexibilidad, toda la paciencia que Swamiji prodigará infatigablemente a sus discípulos tienen su origen en este período, en el martirio de la pobre Anasuya y en la capacidad de Yogeshwar para cuestionarse, reconocer sus errores y obtener lecciones de ellos.

DESEDUCARSE

En julio de 1923, cuando tenía treinta y dos años, Yogeshwar fue contratado como profesor en otra universidad, la Kashi Vidyapeeth, cerca de Benarés. Ahí enseñó varias materias, desde filosofía hasta literatura inglesa, pasando por historia del arte. Tuvo un salario un poco mayor, con mejores alojamientos, y las condiciones de vida de su esposa mejoraron. Era un profesor fascinante, exigente y estimulante; muy apreciado por sus alumnos. Él mismo parecía al fin curado de su ansiedad y su intransigencia se atenuó.

Entonces, un aspecto de su camino tomó una importancia particular: llevar una vida consciente de la cual todos los aspectos son examinados; lo que más tarde él llamaría *deliberate living*. Así es que veía con lupa cada una de sus acciones con la finalidad de descubrir si la había llevado a cabo conscientemente, o no. Por ejemplo, un día limpió sus lentes de una manera que no le pareció eficaz. Se dio cuenta que así era como su hermano lo hacía y que él actuaba de la misma manera por imitación inconsciente.

---
[38] *Ibid*, p. 146.

Recomendaba a sus estudiantes nunca apurarse. Una vez que vio a uno de ellos correr para atrapar el tren, tomó la palabra y dio, según Sumangal Prakash,

"...una larga conferencia llena de ideas nuevas y extrañas sobre la necesidad de regular su vida de manera ordenada al seguir una disciplina personal estricta en el hecho de llevar a cabo cada tarea o trabajo después de una reflexión madura y en un tiempo determinado. Hasta el hecho de comer debe de ser un acto reflexionado y calculado; cada pedazo de alimento debe de ser tratado con cuidado y atención desde el inicio y hasta el momento en que es metido en la boca. Hay que masticarlo y tragarlo de la misma manera, con cuidado y atención; no hay que hacer nada de prisa, estar completamente conscientes y atentos al llevar a cabo cualquier trabajo, examinando minuciosamente cada detalle con anticipación. Las personas que formaban el público estaban desconcertadas y perplejas, pero se quedaron con la impresión de haber escuchado algo nuevo, extraordinario, que les hacía reflexionar[39]."

El tema de la atención plena respecto a la acción que uno está llevando a cabo es bastante común en el mundo espiritual. La prioridad es no quedarse perdido en los pensamientos, mantenerse en contacto con la sensación del movimiento que uno está llevando a cabo, estar atento a la respiración y vigilar la relajación del cuerpo. Yogeshwar fue un poco más lejos: sugirió que hay que preguntarse también por qué estamos llevando a cabo esta acción. Imaginemos a una persona que en el momento de cocinar decide estar presente a cada uno de sus gestos: la manera en que pela las legumbres, la calidad de la atención puesta en la cocción... Ella corta cada zanahoria poniendo toda su atención, pero sin preguntarse jamás *por qué* cocina este platillo. Ahora bien, se le puede escapar que, siguiendo esta receta, se queda encerrada en los dogmas culinarios de la familia, y que no los cuestiona, o que está prisionera en una ideología particular sobre la nutrición y la salud. Por lo tanto, es posible estar atento a la acción incluso cuando ésta es determinada

---

39 Sumangal Prakash, *Swami Prajñanpad, mon maître*, p. 11-12.

por un condicionamiento, costumbre, miedo o prejuicio que ni siquiera podemos detectar.

Este tema hay que relacionarlo con otro importante, que consiste en deseducarse.

"El niño, explica Swami Prajñanpad, se impregna de las ideas, emociones, pensamientos y acciones de su entorno. Absorbemos las ideas, las opiniones, los prejuicios, las atracciones y repulsiones, las atmósferas y comportamientos que están presentes en nuestro entorno sin examinarlos y sin verificarlos... Un adulto debe de examinar atentamente sus pensamientos, emociones, creencias, supersticiones, costumbres y métodos de trabajo. Es necesario ponerlo todo a prueba... Así, nos volvemos capaces de pensar por nosotros mismos y de actuar de acuerdo con lo que somos. Es necesario cuestionarlo todo, tanto las cosas grandes como las pequeñas, y actuar en función de lo que uno es. Deseducarse[40]."

A través de la deseducación, un ser humano se convierte en un espíritu libre, independiente y fiel a sí mismo. Yogeshwar pertenecía a la casta superior: la de religiosos e intelectuales. Aunque tuvo la suerte de nacer en el seno de una familia muy abierta y liberal, poco atada a sus prejuicios, él sintió la necesidad de deseducarse de los condicionamientos de su casta y de su época. A partir de la adolescencia, Yogeshwar empezó a poner en tela de juicio ciertos usos y costumbres tradicionales. Sin embargo, se dio cuenta de que, a pesar de su apertura, subsistía en él un sentimiento de superioridad, al igual que algunos hábitos de comportamiento, en particular el portar el cordón sagrado y la prohibición de comer alimentos que hubieran sido preparados o tocados por un miembro de otra casta.

Decidió entonces invitar a comer con él a la primera persona con la que se topara. Un hombre de una casta inferior se cruzó en su camino y comió la comida preparada por su anfitrión, pero no se acabó todo su plato. Cuando se fue, Yogeshwar se encontró

---
40 Srinivasan, *Entretiensa avec Swami Prajnanpad*, ediciones Accarias, 2001, p. 15-16.

frente al plato de su invitado y comió lo que sobraba. Así es como años después, describió la actitud del joven que era:
"Él se dijo: 'Y ahora, brahmán, ¡te toca! Ahí están las sobras. Adelante. Acábate el plato'. Mezcló el arroz con las lentejas. Y se comió todo. Porque un brahmán no puede comer sobras... es alguien superior. Entonces ¿dónde está el brahmán ahora? ¿Ves a un brahmán? Inmediatamente, todo eso desapareció. Y tiró el cordón sagrado: no, no más diferenciación. Se acabó[41]."

Ese día, Yogeshwar tuvo la experiencia de lo que más tarde sería un aspecto importante de su enseñanza: la acción liberadora. La liberación no se produce solamente a través de la observación de uno mismo y de las diferentes tomas de conciencia que de ahí se desprenden. También se produce a través de la acción, acciones muy específicas, por las cuales uno se libera de sus condicionamientos y miedos. Es un acto de "desobediencia civil" respecto a nuestra propia tiranía interior. El peso de su educación y prejuicios le ordenaba a Yogeshwar no compartir sus alimentos con una persona de una casta inferior. Pero él desobedece, transgrede su propia prohibición interior, y la simplicidad misma de esta acción hace que los antiguos condicionamientos se conviertan en una mentira.

DESCUBRIMIENTO DEL PSICOANÁLISIS

Yogeshwar descubrió el psicoanálisis hacia 1923. Hoy en día, el acercamiento entre la espiritualidad tradicional, cuyos orígenes se remontan a más de tres mil años, y el psicoanálisis moderno es muy común. En aquella época, este enfoque era completamente inédito. Los discípulos franceses de Swami Prajñanpad que se fueron a la India en busca de maestros espirituales estaban muy lejos de sospechar que un swami de setenta años que vivía en lo más profundo de la campiña india en una choza sin agua ni electricidad, les propondría hacer un trabajo sobre el inconsciente inspirado en los trabajos de Freud.

---

41 Daniel Roumanoff, *Swami Prajñanpad, Biographie*, p. 85.

Los textos indios tradicionales plantean descripciones detalladas del Despertar y de la prisión. Pero entre estos dos polos, Yogeshwar sentía que faltaba algo que los uniera, un puente. ¿Por qué el ser humano está encarcelado? ¿Qué es lo que lo aprisiona? ¿Qué es lo que hace a la ilusión tan fascinante? ¿Y cómo se puede uno liberar de esta poderosa atracción?

Sumangal Prakash expresa con mucha claridad la búsqueda de Yogeshwar en esa época:

"Él estaba en una búsqueda desesperada de algo que le pudiera ayudar a resolver un problema que le angustiaba mucho. Pensaba que debería de haber algo que le diera el eslabón perdido respecto al conocimiento del Sí-mismo, como lo enunciaban los grandes Videntes de los Upanishads que habían alcanzado la liberación (*mukti*) de las ataduras de la ilusión (*maya*) o de la dualidad. Y precisamente en ese momento, cuando su angustia llegó a su punto máximo, encontró ese eslabón perdido en el psicoanálisis de Freud[42]."

Así Yogeshwar descubrió con gran interés el psicoanálisis, que habría de proporcionarle tanto explicaciones teóricas como medios prácticos para comprender la prisión del ser humano y la manera de escapar de ella. Atrajo su atención sobre tres aspectos importantes: el inconsciente, la emoción reprimida y la fuerza del deseo; fuerzas profundas que la voluntad o la inteligencia solas no pueden dominar. Si permanecen desconocidos, los dinamismos inconscientes aniquilan los esfuerzos del buscador espiritual y conducen su vida espiritual a un callejón sin salida hecho de frustración y negación.

En 1929, en la introducción que redactó para la tesis de uno de sus estudiantes, Yogeshwar escribió:

"El psicoanálisis analiza los procesos del mental. Los complejos son desanudados. Entonces se vuelve fácil aniquilarlos con la afilada espada del Vedanta. El psicoanálisis está al servicio de la ciencia espiritual.

---
42 D. Roumanoff, *op. cit.*, p. 97

El hombre vive una vida superficial. Como consecuencia se aterra con las necesidades espontáneas que surgen de lo más profundo de él mismo o, dicho de otra manera, trata de esconder el fuego bajo las cenizas. Pero sus esfuerzos son inútiles. Asociados a las actividades conscientes de su mente, sus deseos inconscientes aparecen de manera disfrazada.

Aquél cuyo desapego es grande, se sumerge profundamente en sí mismo, y haciéndose consciente de sus necesidades inconscientes, les permite expresarse en el exterior. Y, habiendo satisfecho sus necesidades, toda su energía activa se apacigua y el brasero de sus penas y sufrimientos se apaga.

Los autores de los *Upanishads* le dan una atención particular al hecho de que los órganos sensoriales estén satisfechos. Mientras los deseos no se hayan satisfecho, el hombre no ve la realidad de manera neutra y desinteresada. No puede ver su verdadera naturaleza[43]."

Yogeshwar enseñó psicoanálisis en la universidad y analizó a varios de sus estudiantes. Lo que le pareció particularmente valioso en esta práctica, fue la expresión de las emociones, la posibilidad de sumergirse en el inconsciente y de volver a encontrar, tal y como eran, las emociones de la infancia. Para progresar en ese sentido, Swami Prajñanpad afinó el dispositivo del análisis. En lugar de instalar a sus pacientes sobre un diván, el cual limita los movimientos, les propuso acostarse en el piso, lo que da una total libertad de movimiento y de expresión. Es lo que los estudiantes indios de Swami Prajñanpad llamaban *el cuarto negro*, y es lo que hoy en Francia es llamado *lying*, del verbo *to lie*, que significa estar acostado.

El *lying* permite reencontrarse con los antiguos traumatismos, las frustraciones, y las fuertes necesidades que están asociadas a estos, así como la visión deformada que resulta de ellos. Por ejemplo, una persona que sufrió abandono puede reencontrar, con toda su carga emocional, el recuerdo del momento en el que fue colocada en la incubadora cuando nació, o cuando fue

---
[43] *Ibid.*, p. 100.

encargada desde muy pequeña a sus abuelos. Esta persona puede entonces tomar conciencia del hecho de que esta herida alimenta una enorme demanda afectiva, una necesidad igualmente grande de ser acogida, y el miedo proporcionalmente tan fuerte de quedarse sola. Finalmente, puede sacar a la luz las creencias que de ahí resulten como, por ejemplo, "Siempre terminaré siendo abandonada". Este magma, mientras sea inconsciente, altera toda posibilidad de tener una visión neutra y objetiva de la realidad, y puede conducir a decisiones y comportamientos mecánicos, como sabotear una relación amorosa cuando ésta se presente. Pero, una vez que estos mecanismos son sacados a la luz, la persona descubre las posibilidades nunca exploradas de hacer algo nuevo y bloquear el proceso de repetición provocado por las creencias inconscientes. Al final, el objetivo es ver la realidad tal y como es, fuera de toda deformación.

En el presente, todo psicólogo conoce estas nociones. Pero esta visión era muy innovadora en la India de 1925, que estaba sumergida en un contexto idealista.

NACIMIENTO DE CHINMAYEE Y HÁBITO MONÁSTICO

Anteriormente evoqué el matrimonio obligado de Yogeshwar con una niñita de doce años, el sufrimiento de la joven esposa obligada a la castidad durante largos años, al igual que los reproches de su familia que la señalaban injustamente como responsable de no tener hijos: si Yogeshwar la descuidaba, era porque ella no se comportaba debidamente, o que había algo mal en ella. Además de la humillación y de la frustración sexual, la perspectiva de no ser madre le era muy dolorosa.

Ahora bien, después de sus "años de locura", Swami Prajñanpad acabó por abrir los ojos y se conmovió por el sufrimiento de la joven a quien él le destruía la vida. Él cambió de actitud, y cuando Anasuya tenía unos dieciséis años, la pareja vivió un período, al final bastante breve, de vida sexual activa, que terminó con el nacimiento de una niña llamada Chinmayee.

No se sabe exactamente cuándo empezó este período o cuánto tiempo duró. Quizás uno o dos años, quizás menos. Aunque al principio Yogeshwar tuvo la experiencia de la sexualidad principalmente para satisfacer a su esposa más que para su propia satisfacción, él se entregó totalmente en cuerpo y alma, con el deseo de vivir la experiencia de manera consciente y completa, de saborearla enteramente.

En el fondo, este matrimonio forzado fue una bendición para Yogeshwar. La experiencia de la sexualidad le permitió profundizar en su comprensión de los mecanismos del deseo e ir hasta el límite de la experiencia humana.

Este logro puso fin a la existencia mundana de Yogeshvar. ¿Qué le quedaba de verdaderamente nuevo por descubrir? Además, le había dado una hija a Anasuya. Y estando muy consciente de que nunca le ofrecería a esta joven todo aquello a lo que ella tenía derecho a esperar en una vida de pareja, al menos le evitó la inmensa frustración de no haber conocido ni la experiencia de la sexualidad, ni la de la maternidad.

A partir de ese momento, él se orientó exclusiva y totalmente hacia el Absoluto y la búsqueda imperiosa del Despertar. Tres meses antes del nacimiento de su hija, anunció que había pronunciado lo que en la India llaman los votos de *sannyas*; que renunciaba a todo y partía a los Himalayas para adoptar la vida de monje pobre y errante.

En la India, el sannyasin es un tipo de eremita, y es ordenado como tal a través de un rito de iniciación dado por un maestro. Al término de este ritual el nuevo renunciante cambia de vestimenta para adoptar la túnica de color azafrán. En este caso, fue Niralamba Swami quien confirió el sannyasa a Yogeshwar. Durante el rito de iniciación, Yogeshwar recibió el nombre de Swami Prajñanpad, bajo el cual fue conocido a partir de ese momento. Pad significa "soporte". Prajñanpad significa por lo tanto "el soporte de prajña", término sánscrito utilizado por los hindúes y los budistas, que se ha traducido como "sabiduría", "sabiduría trascendente", o "sabiduría primordial", y a veces como "visión o percepción de la realidad". Así es como Swami Prajñanpad definía este término: "¡Conocimiento, comprensión, iluminación, consciencia lúcida, suprema, y perfecta!". Prajñana es la consciencia lúcida de la Verdad, consciencia lúcida de *brahmán*, consciencia lúcida de atman, consciencia lúcida que lo engloba todo. O, más simplemente, consciencia lúcida de aquello que es simple, evidente, sin ninguna restricción[44]."

Esta ceremonia de iniciación probablemente tuvo lugar en marzo de 1925. Él tenía 34 años. La noticia cayó como bomba y fue mal recibida en el entorno de Yogeshwar. Provocó decepciones y críticas. Sus colegas y sus estudiantes estaban acostumbrados a su originalidad, y a pesar de que era muy discreto al respecto, no ignoraban su búsqueda espiritual, pero no se esperaban verlo abandonar todo. Las críticas fueron principalmente de dos tipos. Algunos no comprendían que una persona tan difícil de clasificar pudiera caer en una forma tan común y vista en la India como la del *sannyas*. A otros les parecía muy chocante ver a un hombre casado y a punto de ser padre, abandonar así a su familia.

Parece que fueron dos razones mayores las que empujaron a Yogeshwar a tomar esta decisión. Una de estas razones está ligada a su destino. Él tenía desde hace mucho tiempo una aspiración extremadamente poderosa a la vida espiritual, a la renuncia, a la búsqueda de lo Absoluto, y entonces le pareció muy obvio que para él la vida secular se había terminado. Habiendo cumplido con todo lo que tenía que cumplir en el plano mundano, le había llegado el momento de tomar en cuenta que toda forma de deseo, aparte del deseo de lo Absoluto, lo había abandonado.

Pero sin duda hubo una razón más circunstancial ligada a su esposa. Para él, el matrimonio ya no tenía sentido y sabía que ya no tendría vida conyugal. El símbolo tan visible e indiscutible que representa el hábito de monje y el estatus de renunciante fueron dos elementos que ayudarían a la joven a vivir su duelo y dejar de tener esperanzas. Esos dos elementos provocaron que el hecho fuera evidente y no negociable, tanto para ella como para los que los rodeaban.

Los detractores de Yogeshwar le reprocharon su falta de originalidad. Con respecto a esto, tenían razón. La decisión de aban-

---
[44] *L'art de voir*, p. 81.

donar a su esposa e hija a cambio de su vida de renunciante es un gesto vigente dentro de una sociedad en la que la vida monástica o eremítica es reconocida e incluso valorada. El Buda mismo abandonó esposa, hijo y poder cuando era todavía joven. En nuestra cultura cristiana, en la Edad Media, también se admitía que un padre de familia pudiera abandonarlo todo para entrar a una orden. Llamaban a San Bernardo "el terror de las madres y las esposas", porque suscitaba numerosas vocaciones, y cuando un hombre se hacía monje, la madre perdía un hijo y la esposa a su marido.

La India tradicional distingue cuatro etapas[45] en la vida espiritual de un brahmán: la infancia y la adolescencia en la que se aprenden las escrituras cerca de un maestro; la vida adulta durante la cual se realizan los deseos sexuales, sentimentales y profesionales; el retiro, una vez que los hijos se han vuelto autónomos, en la que uno se retira solo o con su cónyuge en el bosque; y finalmente el *sannyas*, la renuncia total. Normalmente, esta última etapa concierne a personas mayores, pero en ciertos casos es posible adelantarse y saltarse las etapas anteriores. Como lo dice Swami Prajñanpad:

"Aunque la vida humana se divida en cuatro etapas de veinte años cada una, y que no convenga adoptar el estado de *sannyasa* sino hasta el último cuarto de la vida, era específicamente mandatorio que, si 'el sentido del desapego' aparecía en un momento cualquiera en el curso de una de las tres etapas precedentes, entonces uno debía renunciar y optar por la última etapa porque el objetivo último de la vida es el ser uno y libre de la dualidad."

¿Qué quieren de mí, voluptuosidades aduladoras,
Vergonzosos apegos de la carne y del mundo,
Que no me abandonan cuando yo los abandoné?
Largo de aquí, honores, placeres, que tanto me hacen la guerra...

Este verso, pronunciado por Polyeucte en la famosa obra de Corneille, expresa la decisión "corneliana" que se le impone al

---

45 Las cuatro etapas de la vida, o *ashrama* en sánscrito, son: *brahmachari, grihastra, vanapashta,* y *sannyasin*.

héroe, entre una vida en la que recibirá honores, amor, riqueza y poder, y la renuncia que lleva al martirio previsto por los cristianos.

Este verso refleja un clima de renuncia, propia de la cultura cristiana. Pero esta visión de la renuncia, familiar a nuestros ojos, es diametralmente opuesta a la experiencia de Swami Prajñanpad. Para él los apegos no son "vergonzosos" en sí mismos. En general, son perfectamente naturales y legítimos. Simplemente están sometidos al cambio y a la dualidad: el éxito se acompaña del fracaso; la condena de la adulación, etc. Deben de vivirse conscientemente para que puedan después caer por sí mismos. Como consecuencia, no se trata de "librar la guerra" contra los apegos. Contrariamente a lo que expresa Polyeucte, la renuncia no es un combate. En el caso de Swami Prajñanpad, el desapego opera naturalmente, como el fruto maduro que se desprende del árbol. Al respecto, decía de sí mismo: "Swami Prajñanpad no renunció al mundo; fue el mundo quien renunció a él."

Para quien hoy está lleno de deseos, considerar tal desapego hace surgir la imagen de todo lo que queda por vivir; de todo aquello a lo que aún estamos apegados: la perspectiva de renunciar a ello se presenta como un desgarre doloroso. Swami Prajñanpad vivió todo lo que tenía que vivir en el ámbito de lo social, psicológico y sexual. Proseguir en esa dirección hubiera sido para él quedarse en un círculo dando vueltas.

Sin embargo, aún en la India, donde la perspectiva de la renuncia resulta muy común, muchos fueron los que pensaron que esta decisión fue muy radical y prematura:

"Unas personas mayores decían de Swamiji: '¡Oh! ¡Es tan joven! ¿Qué va a buscar ahí? Se necesita ser mayor. ¿Qué puede él saber?'. A lo que Swamiji respondía: 'De hecho, Swamiji ha hecho todo en esta vida que llamamos mundana[46].'"

La renuncia se impone cuando se tiene la impresión de haber realizado todo lo que se tenía que realizar. Los deseos plenamente vividos dejan a la vez un sentimiento de logro (yo he vivido lo que tenía que vivir) y de frustración (queda una impresión de vacío, pues el deseo de absoluto, que está detrás de todos los deseos, no

---

46 D. Roumanoff, *op. cit.*, p. 125.

puede colmarse con la materia). En ese momento, el deseo de despertar, de unidad, se vuelve imperioso. Swami Prajñanpad lo explica muy bien:

> "Llega un periodo de la vida en el que uno siente y se da cuenta de que esos deseos no pueden dar la satisfacción a la que se aspira. O, dicho de otra manera, uno siente: 'Sí, yo recibí todo del exterior, pero no lo que me puede satisfacer, y esta satisfacción no la puedo obtener del exterior porque ya tuve la experiencia, vi y gocé de todas las cosas'. Entonces, y sólo entonces, surge una necesidad imperiosa. ¿Qué pasa entonces? Ni en el exterior, ni en la dualidad, ni en el yo, ni en el objeto, ni en este estado de separación puedo encontrar satisfacción. ¡Entonces aparece un sentimiento de vacío! Un sentimiento de vacío que viene del fondo del corazón, un sentimiento exigente que no tolera ninguna frustración y que no puede sino encontrar aquello que no cambia y que dura. Eso es la necesidad de la verdad, de eso que no es dos, de eso que no es ni objeto ni sujeto, sino un estado en donde se es libre de los dos. Ese es el deseo imperioso de ir de la no-verdad a la Verdad, o de las verdades a la Verdad, de la dualidad a la Unidad, de la obscuridad a la Luz[47]."

VIAJE AL HIMALAYA Y REGRESO A LA ENSEÑANZA

En abril de 1925, Swami Prajñanpad, acompañado de algunas personas, partió hacia los Himalayas vestido con su túnica azafrán. Aparte su vestimenta, parecía que nada había cambiado en su conducta. El viaje se parecía más a una gran expedición turística bien organizada que a una peregrinación de monjes errantes caminando en veredas desconocidas. En este viaje Swami Prajñanpad tuvo una revelación al observar a una simple hormiga. Más tarde, él diría que tuvo cuatro *gurús*: un loco, un chivo, un hombre, y una hormiguita... Ya conocemos a los tres primeros: el loco de Dacca

---
[47] Sumangal Prakash, *L'expérience de l'unité*, cap. 2.

le enseñó que se puede hablar como sabio y actuar como demonio; el chivo lo liberó de la sexualidad. Respecto al hombre, se trata de Niralamba Swami.

Swami Prajñanpad estaba sentado en su cuarto cuando le llamó la atención un grano de arroz que se movía y luego caía. Mirando con más atención, vio que ese grano era transportado por una hormiga que trataba de meterlo por un pequeño orificio.

"La hormiga transporta el grano. Sube a lo largo del muro. Quiere meter el grano de arroz en el hoyo... pero se atora. Se cae. Ella vuelve a bajar... vuelve a empezar. Y finalmente, en el treceavo intento, la hormiguita logra meterlo en el hoyo. Cada vez, la hormiguita cambiaba el ángulo de acercamiento. ¡Oh!, se dijo el joven, ¡dicen que el hombre es inteligente y esta hormiga cambia el ángulo de acercamiento en cada ocasión y, finalmente, logra meterlo! ¿Habría yo tenido tanta paciencia? ¿Cómo es posible? ¿Cómo puede ser que ella haya tenido tanta paciencia? Ella vuelve a empezar una y otra vez sin tener en cuenta el tiempo, sin tomar en cuenta el número de veces... ¿Por qué? Ella no tiene más que una sola idea: 'Debo introducirlo'. Mientras no lo logre, ella trabaja, y trabaja, y trabaja. Entonces, ¿cuál es el secreto de la acción? Usted decide lo que desea hacer, y mientras no esté hecho, no descansa. El tiempo, el número de intentos para volver a empezar no tienen importancia. He ahí el secreto de la acción, el secreto de una acción exitosa y justa... Usted decide lo que tiene que hacer y actúa hasta terminarlo. El joven dijo: Tú eres mi gurú. He encontrado el secreto de la acción... Es válido para todo lo que logramos en todos los ámbitos[48]."

Esta anécdota es interesante desde varios puntos de vista. Primero, aporta una especie de toque final a la enseñanza de Swami Prajñanpad, al revelarle el secreto de la acción, cuando él ya había hecho un cierto número de descubrimientos importantes: la sensibilidad, la visión, la discriminación, el inconsciente, el deseo, la renuncia. La acción justa es, por lo tanto, una acción

---

48 *Ceci, ici, à présent: Seule et unique vérité*, ediciones Accarias, 2006, p. 231.

llevada a cabo hasta el final, paciente, perseverante, con aprendizaje a través de intento y error, respecto a la cual no hay ninguna excusa. Se trata y se vuelve a tratar hasta que se logra.

Después, nos muestra una concepción de la acción poco común en el medio espiritual, medio en el que existe la tendencia a considerar que la acción perfecta se logra en el soltar, y que la ausencia de esfuerzo es lo que prueba lo justo de la acción. Cuando uno suelta, se supone que las cosas suceden por sí mismas, fácilmente, y que lo que distingue a una acción justa es que no encuentra obstáculos. La insistencia, como lo hizo la hormiga, es más bien visto como señal de deseo de omnipotencia, de voluntarismo o de terquedad.

Este enfoque espiritual "clásico" de la acción resulta muy a menudo pertinente. ¿Quién de nosotros no ha querido aconsejar a un amigo que se cansa en vano con un proyecto absurdo que "suelte"? Al mismo tiempo, este enfoque está incompleto. Puede ser recuperado por el mental para justificar la pasividad, el desánimo o cualquier creencia alimentada por la concepción derrotista de que "de antemano, no se puede". Como si el "soltar" significara que no es necesario actuar, sino esperar. Para Swami Prajñanpad, el soltar interior y la acción decidida, determinada y llevada hasta las últimas consecuencias son compatibles. Es lo que él llamará más tarde ser "pasivamente activo".

Finalmente, hay que comprender que este episodio se sitúa al principio de la etapa de desapego de Swami Prajñanpad, en la cual él dejó todo para alcanzar el Despertar, para realizar la Unidad. En este contexto, la hormiga se convierte en el arquetipo del buscador espiritual que intenta todo y que, si se equivoca, modifica su enfoque hasta lograr su objetivo. En el plano espiritual, por lo tanto, no hay que distinguir artificialmente vida interior y acción.

El viaje en los Himalayas fue relativamente breve y Swami Prajñanpad regresó a vivir con su esposa y su bebé que nació en su ausencia. Durante cinco años hasta 1930, llevó una existencia ordinaria, volvió a ser miembro del Kashi Vidyapith, cohabitó sin relación amorosa ni sexual con su esposa, y se consagró plenamente a la educación de su hija. Hasta el final de su existencia, Swami Prajñanpad siguió siendo un padre presente y atento.

Las razones del regreso de Swami Prajñanpad a la vida "normal" no están muy claras. Parece que, aunque él pensaba regresar, se tomó el tiempo para dar a entender a todo mundo que había renunciado al mundo; que consintió, sobre todo por el bien de su familia, llevar una vida aparentemente normal, pero que interiormente permanecería siendo un renunciante. Su hermano tuvo que ir a buscarlo hasta su retiro y describió más tarde este evento de la siguiente manera:

"Tuve la oportunidad en la vida de ver a bastantes santos, pero jamás estuve presente en una escena igual... Él estaba sentado en la orilla del Ganges... pasaron muchas horas y yo permanecía de pie frente a él. Sus ojos estaban completamente abiertos todo el tiempo, sin parpadear, y él era totalmente inconsciente de que había una presencia humana frente a él. ¿Había perdido todo sentido de percepción? ¿Qué hacía todo ese tiempo? Cuando finalmente, incapaz de controlarme más tiempo, puse mi mano sobre su cuerpo y le pedí que se levantara, solamente entonces me miró y dijo sonriendo: '¡Oh! ¿Eres tú? ¿De dónde vienes?' –Vine a buscarte para llevarte conmigo."

Su esposa, Anasuya confesó que él le había prometido que regresaría, y que ella estaba segura de que cumpliría su promesa. Sin embargo, cuando lo vio regresar con su hábito de monje, no le gustó. La hija dio el siguiente testimonio:

"Cuando mi padre regresó de los Himalayas vistiendo el hábito de color azafrán, mi madre se sumergió en la tristeza y, en una crisis de rabia, le dijo que rompería su bastón y tiraría su hábito azafrán en el Ganges. Él contestó sonriente: 'Ciertamente, puedes romper mi bastón y también puedes, si así lo deseas, tirar mi hábito azafrán, y hasta reducirlo a cenizas quemándolo, pero no puedes quemar lo que está en el interior. Pues esas cosas no son más que símbolos exteriores. Lo que cuenta es lo que soy en el interior[49].'"

---

49 D. Roumanoff. *op. cit.*, p.138.

Después de su regreso, el camino interior de Swami Prajñanpad siguió. Tuvo experiencias espirituales frecuentes e intensas, como la descrita por su hermano, inclusive en la universidad. Así, sus colegas podían verlo en el transcurso de una junta, si el tema no le concernía, absorberse en él mismo y ausentarse completamente del contexto. En la India de esa época, ese tipo de experiencias espirituales, llamadas *samadhis*, eran admitidas y respetadas.

DECESO DE NIRALAMBA SWAMI E INSTALACIÓN EN EL ASHRAM

A partir de ese momento, Niralamba Swami trató a Swami Prajñanpad como su igual. El 5 de septiembre de 1930 murió como consecuencia de una gangrena en la pierna. Swami Prajñanpad alcanzó a llegar junto a él y a estar a su cabecera. Por todas partes lo presionaron para que se instalara en el ashram del difunto maestro, en Channa, lo cual hizo de inmediato. Tenía treinta y nueve años.

Podemos considerar que la biografía de Swami Prajñanpad se detuvo en ese momento: a partir de ese día, su existencia se desarrolló prácticamente sin ningún cambio hasta su deceso, cerca de cuarenta y cuatro años después. Durante este período Swami Prajñanpad alcanzó un alto nivel de realización espiritual, empezó a hablar de sí mismo en tercera persona, y a evocar su existencia precedente como si ésta ya no le concerniera. "Swamiji tuvo un pasado; Swamiji ya no tiene pasado", dijo.

Al principio, la esposa y la hija de Swami Prajñanpad no vivieron con él. Un alumno de Niralamba Swami había construido una casa para ellas en Calcuta, de manera que pudieran llevar ahí una vida normal. Parece que Swami Prajñanpad consideró el divorcio para liberar a Anasuya, pero ella se opuso. Más tarde, ella se instaló en el ashram con él. Los discípulos franceses que la conocieron pudieron constatar que seguía profundamente herida por el período idealista de Swami Prajñanpad. Él la escuchó paciente y compasivamente hasta el final de sus días y les pidió a sus estudiantes franceses que hicieran lo mismo. Ella tenía la necesidad de hablar y quejarse de los primeros años de la relación con su esposo, quien fue muy duro e intransigente. Según Daniel Roumanoff, con el tiempo, ella se tranquilizó. La hija de Swami Prajñanpad creció, se casó, y fue madre a su vez.

El ashram de Channa se encontraba en un lugar idílico en el campo, lejos de toda civilización. Yo acompañé allá a mi madre, cuando tenía ocho años. No había ni agua ni electricidad y Swami Prajñanpad vivía en una choza. Durante el monzón, el ashram era inhabitable, pues el río cercano se desbordaba; él se iba entonces por algunos meses a ocupar una residencia más salubre en la ciudad de Ranchi.

Padecía de una debilidad en el corazón y, en general, su salud era precaria, como resultado de las privaciones que vivió durante su infancia y los excesos de su período idealista. Hubo una época, alrededor de 1945, en la que trabajó muchísimo, llevando a cabo sesiones de psicoanálisis con sus estudiantes, o atendiéndolos en sesiones de *lying*, por lo que pasaba días enteros en un cuarto cerrado, con un calor sofocante, en particular durante la estación de lluvias. Un maestro espiritual, por regla general, tiene la tendencia de dar de manera excesiva, en respuesta a las solicitudes de ayuda de quienes se dirigen a él. Después de un período de trabajo excesivo, le surgió la necesidad de preservarse para poder ayudar a los otros durante más tiempo. En 1948, fue víctima de un ataque de malaria que tuvo secuelas. Sus ojos no podían ya soportar la luz del día y empezó a usar casi permanentemente lentes obscuros. En 1951, Sumangal Prakash mostró el electrocardiograma de su maestro a un amigo médico que le dijo que el paciente probablemente no tenía más que unos cuantos meses de vida. Y agregó: "Todo choque emocional corre el riesgo de ser fatal". A esto, Sumangal respondió que "si su diagnóstico era correcto y que, si lo único que podría poner en riesgo a Swamiji era un choque emocional, entonces, en ese caso, él viviría todavía mucho tiempo, pues él estaba libre de toda emoción[50]."

---
50 D. Roumanoff, *op.cit.*, p. 338m

Finalmente, la longevidad de Swami Prajñanpad vino a contradecir todos los diagnósticos, a la vez gracias a su higiene de vida y a su tranquilidad interior. Sin embargo, ningún sabio escapa completamente a las leyes que rigen sobre la materia.

Como Swami Prajñanpad lo diría en 1972 haciendo alusión a las consecuencias inevitables de su infancia y de sus excesos: "La naturaleza nunca perdona la transgresión de sus leyes. La naturaleza no tiene piedad alguna. Es inexorable[51]."

La vida cotidiana de Swamiji era muy regular, tanto en el ashram como en las diferentes casas utilizadas para pasar la estación de lluvias, excepto cuando las circunstancias exigían una adaptación. He aquí lo que nos dice al respecto Daniel Roumanoff: "Se levantaba a las 4 de la mañana. Se aseaba y luego hacía una meditación de una hora. Salía a hacer una caminata también de una hora. A su regreso, cerca de las 7, tomaba su desayuno. Entre las 7 y las 11, leía o respondía a las cartas que recibía. Si había discípulos, era la hora de las entrevistas personales. Después de la comida, que tomaba a las 11 en punto, hacía una caminata de un cuarto de hora. Luego se sentaba a descansar. Tiempo después lo veíamos acostarse. A las 3 de la tarde se levantaba y daba una entrevista. A las 4 se le servía una colación. Luego podía ocuparse de algún discípulo, o leer. Entre 5 y 6 de la tarde, salía otra vez y se paseaba aproximadamente una hora en el campo. A las 7 cenaba. Luego, en el momento de la puesta de sol, se quedaba sentado en un sofá en el exterior y aceptaba tener cerca de él a uno o varios de sus discípulos presentes en el ashram. A las 9 en punto se iba a acostar."

Swami Prajñanpad hacía todo muy meticulosamente, siempre de la misma manera, siempre a la misma hora, ya fueran las comidas, el baño, o cualquier otra actividad cotidiana. Este aspecto metódico y preciso fascinaba e intrigaba a muchos de sus visitantes y en especial a sus discípulos franceses, quienes a su vez llevaban

---

51 S. Prakash, *Swami Prajnanpad, mon maître*.

una vida familiar y profesional menos ordenada que la de su maestro. Vista desde el exterior, ésta casi manía podía parecer, ya fuera envidiable, por la paz y el orden que de ella se desprendían, ya fuera aterradora, cuando uno se imaginaba el aburrimiento y la frustración que le invadirían si debiera de adoptarla.

Hay dos razones que pueden explicar este rigor. La primera es que éste es el fruto de lo que Swami Prajñanpad llamaba *deliberate living*: todo debe de ser examinado, reflexionado y decidido conscientemente, al servicio de una intención. Si Swami Prajñanpad hace las cosas de esta manera, es porque es lo que más le conviene. La segunda razón es la necesidad absoluta de encontrar la forma de vida más económica posible en términos de energía, tomando en cuenta su frágil salud. Para él, era una cuestión de supervivencia. Él tenía que sobrevivir tanto para sus estudiantes como para su esposa y su hija a quienes hubiera dejado en una gran indigencia si hubiera fallecido de acuerdo con los plazos previstos por la medicina.

Esta meticulosidad y esta regularidad no significan que Swami Prajñanpad funcionaba en un tipo de rutina cotidiana. Eran compatibles con una intensa presencia al instante, una apertura a la novedad, como lo muestra una anécdota contada por Olivier Cambessédès, uno de sus estudiantes franceses. Durante su estancia en Bourg-la-Reine, en 1966, Swami Prajñanpad seguía una vida metódica en el marco de éste nuevo entorno y pasaba siempre a la misma hora por los mismos lugares, especialmente durante su caminata cotidiana.

"La puerta que se encontraba en el rellano de la escalera, cuenta Olivier Cambessédès, y que daba de la casa al jardín era de herrería con vitrales y debido al calor y a los años, estaba muy vencida. Se había vuelto muy difícil hacerla funcionar y era necesario jalarla fuertemente hacia uno para abrirla. Como yo me había levantado desde las cuatro de la mañana, con una lija froté la puerta de fierro durante dos horas hasta que se pudiera abrir sin ningún esfuerzo."

Al mediodía, Cambessédès, que no tuvo tiempo de avisarle, se inquietó cuando vio a Swamiji acercarse a la puerta, seguro de que éste iba a jalar la manija con mucha fuerza y se iba a hacer daño.

"Pero, nos cuenta, Swamiji agarró la manija, abrió la puerta sin esfuerzo alguno y salió al jardín como si él supiera que a partir de ahora la puerta era fácil de abrir…"

Un poco más tarde, Cambesèdès comentó con Swamiji a propósito de su temor a que se lastimara, y se dio la siguiente plática:

"Oh sí, Swamiji sintió: ahora la puerta se abre con mucha facilidad.

– Pero ¿cómo es posible que Swamiji no haya jalado la puerta, que no se diera un golpe en la cara?

– Swamiji apoyó la mano en la manija, jaló un poco, sintió que la puerta se movía sin esfuerzo, y la abrió.

– ¡Pero desde hace dos meses, quizás tres, que Swamiji la jala cada día con mucha fuerza!

– Sí, es cierto, pero Swamiji no hace nada automáticamente[52]."

Olivier Cambedéssès hace, por otro lado, una descripción muy completa de la vida diaria de Swami Prajñanpad en su ashram:

"Vivía en un ashram aislado en medio de arrozales a un kilómetro de un pueblo indio. No existía ningún camino para llegar a él. Para ir a tomar el autobús, que pasaba a tres kilómetros aproximadamente, era necesario atravesar un río caminando con la maleta en la cabeza, agarrándola con fuerza cuando el agua subía más arriba de la cintura. La choza de Swamiji estaba hecha de adobe y techo de paja. No tenía ni puerta, ni agua corriente, ni electricidad, ni biblioteca, ni mesa, ni silla. Sólo había un catre sin colchón y un mosquitero. No había en el ashram ninguna obra de arte, ninguna imagen de ningún tipo, ninguna música, ninguna manifestación cultural como danza o recital de poemas, ninguna cocina refinada, ningún platillo preferido, ninguna ropa digamos elegante. El suelo del ashram era sanitizado regularmente, pero no con productos comprados en algún comercio, sino con una mezcla de agua y estiércol de vaca. Swamiji se sentaba en cuclillas sobre una estera y escribía sobre sus rodillas. Se levantaba mucho antes de que saliera el sol y se acostaba después de que cayera la noche. Usaba unas horas una lám-

---

[52] O. Cambedéssès, *Le quotidien avec un maître*, ediciones Accarias, 1995, p. 20.

para de petróleo. Su alimentación vegetariana era muy frugal y sus gastos eran mínimos. Su guardarropa era muy limitado. No existían visitas de grandes letrados, de grandes astrólogos, de grandes músicos, ni de otro tipo de personajes notables. Caída la noche, era necesario hacerse de una lámpara de petróleo para ahuyentar a las serpientes y aceptar que decenas de ratas treparan sobre el bambú que sostenía el techo de paja de nuestras chozas para regresar a sus nidos arriba de nuestras cabezas[53]."

Lo que es sorprendente, es que este maestro que llevaba una existencia tan austera, completamente retirado del mundo, haya podido proponer una enseñanza que invitaba a descender a la arena, a abrazar la vida en la intensidad de lo cotidiano. El contraste es muy notable entre el radicalismo de su renunciación y el carácter tan concreto y realista de una enseñanza que se dirigía a seres humanos todavía atrapados, y a veces muy atrapados, en sus problemas psicológicos, sus deseos contradictorios y sus diversas responsabilidades.

A lo largo del día, los momentos de intensa presencia al otro, a las historias de cada uno —ya fueran las de su propia familia, de los campesinos de los alrededores o de sus discípulos— se alternaban con períodos de meditación en los que él parecía desconectarse del mundo. "Se quedaba sentado, contaba Sumangal Prakash, completamente inmóvil, con los ojos bien abiertos sin parpadear, durante un largo rato, inconsciente de lo que se encontraba frente a él[54]." Sus alumnos respetaban ese silencio, muy impresionante para quien lo veía desde el exterior.

Con frecuencia escuché a mi padre, Arnaud Desjardins, contarme con admiración y añoranza esos momentos en los que, en la tarde, Swami Prajñanpad pasaba a veces más de una hora completamente inmóvil en su terraza. Un día, mi mamá, dejándose llevar por su agitación, no pudo evitar importunarlo durante su meditación:

---

53 O. Cambessédès, *op.cit.*, pp. 71-73.
54 Daniel Roumanoff, *op. cit.*, p. 80.

"Todas las noches, en Bourg-la-Reine, entraba a su cuarto y prendía la luz. Lo encontraba sentado con los ojos semi cerrados en un reposo que era a la vez la quintaesencia de la relajación y la concentración juntas. Toda la recámara me parecía saturada de esta paz que yo apenas me atrevía a romper, de ese silencio pleno que nunca perturbaba. Excepto una noche cuando, preocupada, egoísta, no respeté esta tranquilidad perfecta. Una pregunta me obsesionaba... Y se la hice. En un momento, la expresión de Swamiji cambió. La expresión lejana, la suave sonrisa en sus labios, y la irradiación de calma se eclipsaron en un segundo. El Swamiji que yo conocía en las entrevistas, había reaparecido, intensamente presente, con una atención aguda motivada por su intención de escucharme, comprenderme... Fue una gran experiencia, ver simultáneamente las dos caras de Swamiji y su sorprendente soltura para pasar de la contemplación a la acción. 'Sean fluidos como el agua.' El consejo puesto en práctica[55]."

Durante años, Swami Prajñanpad recibió a muchos discípulos indios, y luego esta actividad disminuyó poco a poco. En 1959, el encuentro con Daniel Roumanoff suscitó la visita de Arnaud Desjardins, quien después comentó la existencia de este maestro a algunas otras personas. Swami Prajñanpad tuvo en total nueve discípulos franceses, y fue dos veces a Francia.

A partir de 1930, hablar de Swami Prajñanpad ya no es hablar de su vida, sino de su enseñanza que está abundantemente descrita tanto en los libros publicados por Daniel Roumanoff como en los de Arnaud Desjardins y de otros discípulos franceses.

Para terminar este bosquejo biográfico, yo quisiera citar solamente dos anécdotas.

La primera me la contó mi padre, un día en el que padecía de un dolor muy fuerte y agudo en el hombro. Estábamos platicando, y cada vez que llegaba una ola de dolor, nos quedábamos en silencio, y después continuábamos la plática donde la habíamos dejado. Me contó que un día, en el transcurso de una entrevista con

---

[55] Denise Desjardins, *La route et le chemin*, Éditions de la Table Ronde, 1995, pp. 295-296.

Swami Prajñanpad, de repente se dio cuenta que uno de los dedos del pie de su maestro estaba hinchado al doble de su tamaño. Era muy impresionante. Mi padre observa el dedo, voltea a ver la cara de Swami Prajñanpad, y se queda en silencio. Este último le dice entonces: *"Yes, there is a burning sensation, almost unbearable"* ("Sí, hay una sensación de ardor, casi insoportable").

"Swamiji enseñaba, dice Daniel Roumanoff, que el dolor es una creación puramente mental y que las enfermedades físicas solamente pueden provocar sensaciones que son intrínsecamente neutras: 'Swamiji no sufre, decía. La sensación física puede estar presente ahora y cuando es muy fuerte, no se le puede impedir que se exprese. Pero Swamiji no sufre. La sensación llega. Sí, así es, es un cambio'[56]."

La segunda concierne a mi hermana cuando ella tenía ocho años. Durante la temporada que Swamiji pasó en Bourg-la-Reine, ella le preguntó si tenía unos poderes, *siddhis* en sánscrito. Swami Prajñanpad le contestó que él había tenido, pero que ya no tenía. Se hizo un silencio, al final del cual él completó su respuesta diciendo: "Sí, Swamiji tiene todavía dos *siddhis*: amor infinito, paciencia infinita."

Swami Prajñanpad alcanzaba, e incluso rebasaba regularmente los límites de sus posibilidades físicas. Tenía necesidad de descanso, pero su amor por los demás lo empujaba a responder a todas las solicitudes. Un día Sumangal Prakash le preguntó por qué siempre sobrepasaba sus límites, lo cual hacía que se enfermara cada vez. Él contestó: "O bien usted mata o bien es matado". Sumangal se quedó boquiabierto con esta respuesta. Swami Prajñanpad continuó: "Esta persona está en una situación tan desgraciada y desesperada, que es necesario ayudarla, aunque sea a costa de la salud de Swamiji, sin lo cual ella terminaría sufriendo[57]." A quienes le decían que debía de cuidar más de él, les contestaba: "Esa es la naturaleza de Swamiji desde su infancia, ¿cómo podrían cambiarla?[58]."

---

56 Daniel Roumanoff, *op. cit.*, p. 337.
57 Sumangal Prakash, *op. ci.*, p. 312.
58 Daniel Roumanoff, *op. cit.*, pp. 338 – 339.

Swami Prajñanpad vivió así hasta los 83 años, entre un diagnóstico médico que lo condenaba y una aceptación apacible de la realidad que lo mantenía vivo entre una devoción sin límites a los demás, y la necesidad de cuidarse, nunca realmente respetada.

A partir de 1971, la salud de Swami Prajñanpad se deterioró. Finalmente "dejó su cuerpo", como se dice en la India, el 24 de septiembre de 1974 a las 3 horas con 40 minutos. Le pidió la hora a su yerno, que estaba junto a él, y luego dijo: "Es hora de partir."

SEGUNDA PARTE

El arte del acompañamiento

"Swamiji no tiene deseos, ni nada que se les parezca.
La gente viene y toma...
Swamiji está a su disposición.
Le corresponde a usted tomar[59]."

---

[59] Swami Prajñanpad, *Un maître contemporain, tome 2,* La Table Ronde, 2002, p. 220.

Todo aquél que estuvo en contacto con Swami Prajñanpad quedó impactado por la singularidad y coherencia de su enseñanza, y por el carácter a veces sorprendente de sus palabras. Y, sin embargo, lo más sobresaliente, lo más importante, no es tanto esta enseñanza sino lo que se podría llamar su arte del acompañamiento: una capacidad de adaptarse completamente a la persona que estaba frente a él, de amarla incondicionalmente, de ponerse a su nivel, de responder a sus necesidades, de tenerle fundamentalmente confianza, todo esto haciendo resonar en lo más profundo de ella el sentido de su propia dignidad y el llamado de la libertad.

Para Swami Prajñanpad, este acompañamiento se hacía frente a frente, para respetar el carácter único y específico de cada uno. Eso explica por qué nunca dio conferencias ni publicó libros. Él se adaptaba a cada persona en su especificidad.

"¿CUÁL ES LA ENSEÑANZA DE SWAMIJI?"

A veces, sus alumnos le pedían definir cuál era su enseñanza, pero nunca respondió a esta pregunta de manera firme y definitiva. A veces consintió en dar una definición, pero lo hizo de manera muy vaga.

Por ejemplo, en 1959, Daniel Roumanoff le hizo la pregunta, y él respondió: *"Advaita Vedanta"*. Con esta respuesta, él se relaciona con la tradición de los *Vedas*, que constituyen lo que se podría llamar "la biblia" de los hindús. El *Advaita* es un método de enseñanza no dualista basado en los *Upanishad*, textos filosóficos que constituyen la base teórica de la filosofía hindú, en la cual el discernimiento juega un papel fundamental.

Esta definición es totalmente aceptable, pero no dice nada respecto a la especificidad de la enseñanza de Swami Prajñanpad.

En otro momento fue un poco más preciso y le dio al camino que él proponía el nombre de *Adhyatma Yoga*, que significa *yoga hacia el Sí-mismo*, que alguna vez expresó como: "Este es el camino del Conocimiento Supremo (Prajñana), el camino del yoga concerniente al Sí-mismo *(Adhyatma yoga)* o incluso: ¡El camino que le permite establecerse en uno mismo! Es el camino que conduce a un estado en el que el mental, liberado de todas las atracciones exteriores, se llena hasta el borde de su propia y dulce dicha[60]". Esta definición, aunque más precisa, tampoco pone en evidencia la especificidad de esta enseñanza, pues todos los caminos espirituales en la India son yogas hacia el Sí-mismo.

En otra ocasión, uno de sus discípulos franceses que acababa de leer el libro de Philip Kapleau, *Los tres pilares del Zen*, le preguntó cuáles serían, según él, los pilares de su enseñanza. Entonces él propuso cuatro: el estudio del Vedanta, la destrucción del mental, la purificación del psiquismo y la erosión de los deseos. Ésta es sin duda la definición más precisa que se pudo obtener de su boca. Sin embargo, no incluye todos los aspectos de esta enseñanza. Ésta es la respuesta que él dio a esta persona en ese momento. Es cierto que es necesario profundizar en estos cuatro "pilares", pero centrarse solamente en ellos conlleva el riesgo de dejar de lado otros aspectos también esenciales. Específicamente, nos podríamos preguntar qué lugar le da esta definición a un tema crucial que Swamiji llamaba *deliberate living*, que podemos traducir como "vivir conscientemente". Más generalmente, el tema de la acción, que es quizás el más importante de su enseñanza, no aparece con toda su riqueza en esta definición.

Por otro lado, la pregunta tal y como está formulada ("¿Cuáles serían los pilares de la enseñanza de Swamiji?") impone una respuesta que no permite evocar la unidad subyacente que hace de estos pilares una totalidad coherente. La pregunta obliga a una yuxtaposición de nociones. Para ilustrar esta idea, imaginemos que le describo el juego de tenis a un neófito en términos de servicio, golpe recto, revés, y desplazamientos. ¿Presentando las cosas de esta manera le permito a mi interlocutor captar la esencia del tenis?

---
60 Swami Prajñanpad, *La vérité du bonheur*, ediciones Accarias, 2001, p.25.

A menudo Swami Prajñanpad parecía rechazar el hecho de atribuirse una enseñanza. Por ejemplo, una vez dijo: "Al obeso, Swamiji le recomienda adelgazar, al flaco le recomienda engordar; ¿cuál es la enseñanza de Swamiji?". Frase que significa claramente que Swamiji se adapta a la persona que se encuentra frente a él.

Esta respuesta tiene un número infinito de posibilidades. Forzándola un poco, podríamos imaginar esta variante: "A quien no le pregunta nada, Swamiji no le enseña nada; a quien le pregunta la dirección de la ferretería, Swamiji le da la dirección de una ferretería; a quien quiere realizar el Sí-mismo, Swamiji le enseña el yoga hacia el Sí-mismo. ¿Cuál es la enseñanza de Swamiji?". Para Swami Prajñanpad, enseñar es responder a la demanda; es adaptarse al otro.

Swami Prajñanpad relata una entrevista que tuvo con una estudiante de Ma Anandamayi, llamada Atmananda:

"Ella me preguntó cuál era mi método. Yo le contesté:

– ¿Qué entiende usted por método?

– El método con el que usted enseña y guía a las personas.

– No hay método.

– ¿Cómo es posible? ¿Cómo puede usted entonces guiar y enseñar a las personas?

– ¿No son diferentes las personas?

– Sí.

– Entonces, el método debe de ser diferente. Depende de la persona que se presente[61]."

Para Srinivasan, uno de sus discípulos indios, Swami Prajñanpad "no publicó nada porque no quería agregar un conjunto de teorías que se yuxtapusiese a la Realidad. Él me repetía seguido: "Nada de teorías, tome ejemplos, aplique los principios a la vida, etc.[62]".

¿Cómo entender las respuestas en las que Swami Prajñanpad niega aparentemente tener una enseñanza? Los valores supremos de su enseñanza son el amor al otro, la comunión, la libertad, la ausencia de egocentrismo. Eso significa que no tiene necesidad de

---

61 Daniel Roumanoff, *op. cit.*, p. 290.
62 Srinivasan, *Entretiens*, ediciones Accarias, 2011, p. 12.

enseñar, que no tiene nada que demostrar, nada de lo que quiera convencer a alguien, que no es prisionero de ningún dogma, de ningún método y que se pone totalmente al servicio de aquél que lo llame. Él no está ahí en tanto que ego con sus gustos, sus expectativas, su manera de ser, su necesidad de ayudar, su rechazo de la impotencia. Él hace el vacío, él es un espacio infinito en el que uno se siente acogido y aceptado tal y como uno es.

Todos los discípulos interrogados a este respecto fueron unánimes. Lo que era extraordinario, dicen, era que Swami Prajñanpad se ponía a nuestro nivel, era tan cercano y se interesaba tanto en todos los detalles de nuestra existencia, su escucha era perfecta.

Esto nos recuerda otra de sus fórmulas: "Swamiji no sabe más que una cosa: ser uno con" (*Swamiji knows only one thing: to be one with*). *Ser uno con,* es abrazar las situaciones, ponerse al servicio del otro, acoger incondicionalmente la realidad.

Mi madre, Denise Desjardins, me contó que durante una entrevista cuando estaban los dos solos en la choza de Swami Prajñanpad, él le preguntó: "Denise, sólo hay una persona en esta habitación ¿quién?". Denise primero pensó: "¿Quién soy yo? ¿Cuál es mi nivel de consistencia y de presencia? Casi nulo. Comparada con Swami Prajñanpad, yo no existo". Entonces ella contestó: "Sólo hay una persona y es usted". Y él le contestó: "No, es usted, Denise". Con esto quería decir que él estaba completamente vacío de expectativas, proyecciones u opiniones, que no tenía ningún proyecto, que estaba ahí solamente para amar y acoger. Tal transparencia hacía que Denise pudiera ocupar todo el lugar.

Fundamentalmente, al decir que no hay enseñanza, Swami Prajñanpad quiere decir que se trata de estar completamente despejado de uno mismo y, por lo tanto, disponible para entrar en relación con el otro de manera no egocéntrica.

EL ARTE DEL ACOMPAÑAMIENTO

Este arte, que hubiera podido desaparecer con él, nos ha llegado de varias maneras. Primero, sus estudiantes franceses han dado testimonio de él ya sea por escrito o de manera oral. Yo personalmente oí con frecuencia a mis padres evocar la manera en la que Swamiji los había acompañado.

A través de las transcripciones que se hicieron, podemos ver cómo Swami Prajñanpad conducía las entrevistas con sus estudiantes. Disponemos también de un libro muy completo de Sumangal Prakash[63] en el cual este último describe la relación con su maestro y cuenta cómo fue acogido y guiado, y esto durante cuarenta años. Es por lo tanto un documento precioso a este respecto.

Esos testimonios nos permiten identificar los diferentes aspectos de este método, o más bien dicho, de este "no-método" que presento enseguida bajo la forma de una lista:

– Estar libre de todo dogma
– Encontrarse con la persona ahí donde ella se encuentra
– Actuar de tal manera que la persona se sienta amada y aceptada tal y como es
– Interesarse en todos los aspectos de su existencia
– Situar cada uno de estos aspectos dentro de una perspectiva espiritual vasta
– Considerarla
– Confiar en ella
– Ayudarla a crecer
– Demostrar paciencia ilimitada
– Desconcertar
– Saber esperar el momento oportuno

El recuento de Sumangal Prakash nos muestra la paciencia y el sentido agudo de la oportunidad (*timing*) con los que Swami Prajñanpad lo acompañó. Sumangal conoció a Swamiji cuando todavía era profesor de la facultad en Benarés, y después lo per-

---
[63] Sumangal Prakash, *Swami Prajñanpad, mon maître*, ediciones Accarias, "l'Originel."

dió de vista. Él era contrario a la espiritualidad, ateo, y más bien marxista, pero padecía de una profunda depresión que le había hecho perder el gusto por la vida. Se consideraba a sí mismo como alguien con una enfermedad mental y había escuchado que este hombre se había interesado en el psicoanálisis. Decidió entonces volverlo a contactar. Cuando lo volvió a ver, estuvo muy sorprendido e incómodo al constatar que ya no se trataba de la persona laica que había conocido, sino de un swami rodeado de respeto. Sin embargo, hizo caso omiso de su incomodidad y le pidió que lo ayudara a través del psicoanálisis.

Por lo tanto, si por un lado Swami Prajñanpad decía que él "no era un psicoanalista para atender pacientes", dando a entender que tenía mucho más que ofrecer que una simple ayuda psicológica, por el otro, cuando Sumangal le pidió única y solamente eso, él aceptó. Le previno que eso tomaría mucho tiempo, y le planteó esta condición: "Usted tiene que abandonar todo lo que ha creído hasta ahora, todo lo que ha considerado como verdadero. Debe volver a empezar todo". Y le precisó: "¿Tendrá usted el valor de aceptar y de considerar las ideas que ha tenido hasta ahora como malas, dañinas y completamente inaceptables? ¿Y esto, desde luego, cuándo le demuestre y le pruebe que no son verdaderas[64]?". Hay que precisar que Sumangal era muy idealista y estaba lleno de principios morales estrechos que lo habían llevado a la depresión.

Él empezó entonces un largo período de psicoanálisis e hizo inclusive un año de lyings. Se instaló en el ashram de Swami Prajñanpad durante años, al principio él solo, y después junto con su esposa.

Había tenido una infancia muy traumática y llegó al lado de Swami Prajñanpad a la edad de treinta y dos años con la mentalidad de un niño aterrorizado y agobiado. Al principio, durante siete u ocho años, Swami Prajñanpad se condujo con él como una madre amorosa, paciente, benévola y alentadora. Si recordamos el idealismo del joven Yogeshwar, exigente e intransigente con sus alumnos y su joven esposa, esta paciencia da testimonio de todo el camino recorrido.

---

[64] Sumangal Prakash, *op. cit.*, p. 22.

Con el tiempo, el deseo de Sumangal de crecer, se fortaleció. En uno de sus cumpleaños, pidió como deseo que para el próximo cumpleaños dejara de ser un niño miedoso de tres años, y alcanzara su edad real, es decir, casi cuarenta años. Cuando la fecha se acercaba, Swami Prajñanpad comenzó a sacudirlo, a ser exigente, a cuestionarlo, y a ser menos atento con él. Claro que Sumangal sufrió a causa de ello. Se sintió maltratado y no reconocía a aquél que lo había cuidado tanto. Sumangal se sentía tan mal, que terminó por abrirse ante Swamiji. Entonces este último le dijo: "¿Se acuerda usted de lo que dijo en su último cumpleaños?". Sumangal no se acordaba... Y así es como describe la escena:

"Swamiji me refrescó entonces la memoria: '¿No me pidió usted bendiciones a fin de que en su siguiente cumpleaños pudiera usted crecer y tener su edad real?'. Sí, me acuerdo, efectivamente. Durante un momento se hizo un silencio total, que para mí se convirtió en algo totalmente intolerable.

Swamiji agregó: '¿Había olvidado todo por completo? ¿Cuánto tiempo desea usted permanecer siendo un niño[65]?'"

Durante los días que siguieron, Swami Prajñanpad le hizo numerosas reflexiones muy severas respecto a la debilidad de su práctica, su dependencia, su descaro y su complacencia. Finalmente, le pidió dejar el ashram e irse a vivir su vida. Sumangal tomó eso como un rechazo. Swami Prajñanpad le respondió entonces:

"El inconveniente de estar con Swamiji durante más tiempo es que después le será aún más difícil sostenerse por sus propias piernas. Pronto usted cumplirá cuarenta años. Además, tanto las oportunidades como los obstáculos que va usted a encontrar en el mundo, no los encontrará quedándose aquí con Swamiji. No se perturbe. Swamiji no lo está echando. Pero ahora que usted ha encontrado la fuerza para salir al mundo y enfrentar con valentía la lucha por la vida, usted debe intentarlo en grande en vez de mantenerse alejado del vasto dominio de la acción[66]."

---

[65] Sumangal Prakash, *op. cit.*, p. 188.
[66] Sumangal Prakash, *op. cit.*, p. 207.

Sumangal se fue del ashram muy a su pesar, pero se convirtió en un gran periodista, después hizo una sobresaliente carrera política, al mismo tiempo que seguía frecuentando a Swami Prajñanpad regularmente. Al cabo de treinta años, terminó por interesarse en la espiritualidad... Como él mismo lo dice:

"Yo no era capaz de entender las implicaciones a largo plazo de lo que Swamiji decía. Mi falta de interés profundo por la vida siguió por mucho tiempo, pero yo seguía teniendo entrevistas con él, lo que por primera vez en mi vida creó en mí un interés por eso que llamamos espiritualidad después de haberme puesto en sus manos treinta años antes[67]."

Este recorrido muy resumido nos muestra que Swami Prañanpad acogió a Sumangal tal y como era, incluso en muy mal estado, que estuvo a la escucha de su *timing* interior, sabiendo alternar los momentos en los que era necesario nutrir y colmar sus carencias afectivas con los que había que sacudirlo. Este testimonio muestra también la inmensa paciencia de Swamiji que esperó siete años antes de sacudir a Sumangal y treinta años para que se abriera a la espiritualidad.

Algunas interacciones precisas entre Swami Prajñanpad y algunos de sus estudiantes dan testimonio de la manera en que él acompañaba a quienes se dirigían a él.

Cuando mi padre se presentó por primera vez ante Swamiji, éste le preguntó de entrada: "¿Qué quiere usted?".

La respuesta de Arnaud: "Atma darshan". Arnaud utilizó esta expresión, común en la India, para referirse a la meta del Camino.

Atma quiere decir el Sí-mismo, y es para los hindús la parte más espiritual del ser humano y darshan quiere decir "visión". Atma darshan puede traducirse como visión, contemplación o realización del Sí-mismo, es decir, el despertar último. Aunque muy sincera, esta respuesta era un poco ingenua. Realmente era a lo que aspiraba de todo corazón, pero no se daba cuenta verdaderamente hasta qué punto estaba lejos de eso ni del precio que tendría que pagar.

---

[67] Sumangal Prakash, *op. cit.*, p. 260.

Swami Prajñanpad le respondió, no sin ironía: *¡Very nice!* (¡Qué bien!). Y enseguida comenzó a contarle la historia de un joven muy enamorado de una maravillosa mujer pero que, al preguntarle, uno se daba cuenta de que nunca la había visto, que no sabía nada de ella, ni qué cara tenía, ni dónde vivía, ni nada respecto a sus gustos. En el fondo, ni siquiera sabía si ella existía. En resumen, al cabo de un momento es claro, Swami Prajñanpad insinúa que Arnaud da por sentada precipitadamente la realidad del Atman, del Sí-mismo: "¿Cómo puede usted saber que el Sí-mismo existe?" le preguntó entonces. Arnaud se defendió y comenzó a argumentar. Dijo que en los Upanishads se afirma la realidad del Atman. "Pero ¿cómo sabe usted que los Upanishads dicen la verdad?" Arnaud intenta de nuevo el argumento de la autoridad, mismo que tiene poca posibilidad de suavizar a Swami Prajñanpad, al citar a Shankara, el gran vedantista del siglo VIII, considerado autoridad suprema en la materia. A lo cual Swami Prajñanpad respondió: *Let Shankara go to hell!* ("¡Al diablo con Shankara!"). Eso era como si un obispo le dijera a un cristiano devoto: "¡Al diablo con el papa!"

La respuesta fue muy chocante, pero al mismo tiempo Arnaud quedó impresionado por la calma, la relajación y la bondad que emanaban de aquel hombre.

Arnaud, desamparado, hace un último intento: "La prueba de que el Sí-mismo es una realidad, es Ma Ananda Mayi". Ma Ananda Mayi era la santa más célebre y la más convincente de los grandes santos indios de esa época. Ya no se trataba de un antiguo texto ni de un sabio antiguo, sino de una persona viva, de carne y hueso, que Arnaud conoció. Swami Prajñanpad lo interrumpe diciendo que él nunca ha visto a Ma Ananda Mayi. De ahí comienza un diálogo de sordos en el que Arnaud trata de dejar en claro que él vio a Ma Ananda Mayi, inclusive en varias ocasiones, mientras que Swami Prajñanpad parece no entender esta información, para finalmente pronunciar esta frase sorprendente: "Usted nunca ha visto a Ma Ananda Mayi, usted sólo ha visto a *su* Ma Ananda Mayi.". Esta era una forma de expresarse totalmente nueva.

Y prosigue: "Nadie vive en *el* mundo, cada quien vive en *su* mundo". Arnaud dirá más tarde que en muy poco tiempo, Swami Prajñanpad lo había "completa y maravillosamente desarmado".

Sumangal Prakash cuenta otra sabrosa conversación. Le había presentado a Swamiji un amigo que estaba indeciso respecto a si debía permanecer como propietario de su negocio o dejárselo a su sobrino. La entrevista empieza, se alarga, y la discusión no lleva a nada.

Entonces "Swamiji de repente deja de hablar y le pide bruscamente que se ponga de pie. Sorprendido, él se levanta. Swamiji le pide que se vuelva a sentar. Y de nuevo que se pare, y luego que se siente. Poco a poco aumenta la velocidad de las órdenes 'de pie', 'sentado'. Le fue imposible actuar según las instrucciones cada vez más veloces de Swamiji. 'Ve usted, le dice con suavidad, es imposible permanecer sentado y de pie al mismo tiempo, ¿no es así? No se puede tomar dos posiciones opuestas al mismo tiempo. Uno tiene que escoger. Y nadie más que usted puede tomar la decisión final. No puede tener las dos cosas al mismo tiempo: ser a la vez propietario de su negocio y cedérselo a su sobrino[68].'"

En este caso, en lugar de dirigirse a la cabeza o a las facultades de comprensión de este hombre, Swamiji se dirigió al cuerpo.

Para completar esta idea, me gustaría relatar la primera entrevista con Swami Prajñanpad de otro discípulo francés, Olivier Cambessédès. Cuando se presentó ante Swamiji, Olivier era muy desdichado, en parte a causa de una pena de amor. Estaba muy mal físicamente y pensaba constantemente en el suicidio.

Swami Prajñanpad lo puso primero frente a la realidad: *She doesn't love you anymore* ("Ella ya no lo ama"), le dijo. Olivier le confió enseguida su deseo de suicidarse, y le dijo que el ashram le parecía el lugar ideal para hacerlo, dada su belleza y su atmósfera en general. Swami Prajñanpad no se inquietó en absoluto. Toda manifestación del psiquismo humano es aceptada.

---

68 Daniel Roumanoff, *op. cit.*, p. 302.

"Nunca había conocido a nadie tan presente a mí como lo fue Swamiji. Nunca me sentí tan en confianza con otra persona. Tuve el deseo de poner fin a mis días en ese lugar maravilloso. Me atreví a decirle la razón de mi desdicha, y compartí con él mi pensamiento asesino. Expresé mi sinceridad y es, creo firmemente, lo que me salvó, pues solté ... Yo le dije: *She never loved me* ("Ella nunca me amó"). Cerré los ojos para poner fin a mis días serenamente. Swamiji estaba tan unificado conmigo que yo le podía confiar todo, y al mismo tiempo, yo ya no tenía miedo de nada, pues él estaba conmigo en este viaje final."

Esta manera incondicional y confiable de acoger sumergió a Olivier en un proceso de visualización de su deceso, como si presenciara su suicidio. Se vio a sí mismo hundirse en el fondo de una piscina.

"Tenía yo la sensación de hundirme en el agua sin ninguna resistencia, sin ningún movimiento, sin ninguna recriminación. Yo estaba tranquilo en ese sentimiento de morir. Descendí y descendí, hasta que en un momento toqué fondo... ¿De qué? No lo sé... y sentí que ascendía. Esto duró mucho tiempo, luego abrí los ojos. Entonces vi algo inmensamente hermoso: Swamiji sentado en el encuadre de la ventana, y yo diría que estaba rodeado de una aureola como los santos en las pinturas anteriores al Renacimiento. Me sonreía y me decía lentamente: *Yes, yes, yes*. Yo me había quedado sin habla, el *sitting* se había acabado. Esbocé una sonrisa y salí. Estaba calmado."

Olivier, una vez fuera, tuvo la experiencia de una relación más fuerte con el entorno y se sintió una persona diferente.

"Primero escuché el ruido de las hojas en las ramas. Nunca había escuchado eso. Luego vi esas hojas, todas eran diferentes. Sentí que hacía calor, pero que eso no estaba ni bien, ni mal. Entonces tuve la impresión de nacer, o como lo dicen los Evangelios, de volver a nacer[69]."

---
[69] Olivier Cambedéssès, *op. cit.*, pp. 14-15.

Esta adaptación al otro, que es una forma de amor en acción, estaba presente en las entrevistas que Swamiji daba, pero también en su relación con toda persona que se encontrara en su camino, sin importar la clase social o la edad. Puedo contar aquí una anécdota que me concierne, pero que creo que tiene un valor general. Un día, cuando se publicaron las entrevistas de Roland de Quatrebarbes con Swami Prajñanpad bajo el título *Le but de la vie*, Daniel Roumanoff me llamó y me indicó que en ese libro se encuentran alusiones al niño de dos años que yo era entonces. La anécdota se sitúa en 1966. En aquel tiempo, Swami Prajñanpad residió durante seis meses en Francia, en Bourg-la-Reine, en los suburbios de París. Mi madre era quien se encargaba de atenderle y por lo tanto nos habíamos ido a vivir con él, por lo que me lo encontraba todos los días.

Durante su entrevista con Swamiji, Roland comienza diciendo que me ofreció un dulce y que yo no lo acepté. En cambio, a él le parecía que yo sentía una gran atracción por Swami Prajñanpad. Este último confirma lo anterior y le cuenta a Roland que esa misma mañana yo estaba jugando un juego, y que dejé todo cuando vi a Swamiji:

"A partir del momento en que Swamiji entró, el niño: '¡Oh! Swamiji, Swamiji…'. Abandonó su juego, se me acercó y empezó a bailar. Swamiji subió las escaleras y él subió también.'"

Lo anterior es todavía más sorprendente pues mi padre había pasado algunos minutos antes, y yo solamente dije "papá" y seguí jugando. Swami Prajñanpad prosigue:

"Dejó de jugar, se puso a bailar y siguió a Swamiji. Swamiji no hizo nada. ¿Por qué actuó de esa manera? Mire usted, corrió detrás de Swamiji. ¿Por qué? ¿Por qué eso le interesó? ¿Y por qué poco interés por los demás? Porque los otros no se convierten en niños cuando están con él. Adoptan una posición diferente. Y Swamiji se convierte en un niño con él.

Cuando él dice '¡Úuu!', Swamiji dice '¡Úuu!'. Si él dice 'Hak', Swamiji dice 'Hak'. 'Cuac, cuac, cuac', Swamiji dice 'cuac, cuac, cuac'. Así, no se trata del intelecto, sino del corazón[70].''

---

70 *Le but de la vie*, p.125

He aquí pues, integralmente transcrito, todo el contenido de mi primera y única entrevista con Swami Prajñanpad. Un buen comienzo... Lamento que no hayamos ido más lejos, pero fiel a su intención de tomar en cuenta las limitaciones de su interlocutor, Swami Prajñanpad debió de haber estimado que era prematuro invitarme a reflexionar sobre la diferencia entre el Sí-mismo y el no-Sí-mismo...

Esta anécdota ilustra muy bien la capacidad de Swamiji de ponerse al nivel de su interlocutor. La paleta de Swami Prajñanpad es grande e incluye una gran parte de intuición y de improvisación. Él es imprevisible. Está en una empatía inmediata y total, en una disponibilidad que no es obstaculizada por ninguna interferencia egocéntrica. Hasta lo que se podría llamar "la enseñanza" es menos importante que este arte de la relación. Desde este punto de vista, la aberración, el contra sentido completo, sería hablar de la enseñanza a alguien que no tiene un deseo particular de escucharla o querer convencer a alguien el poner en práctica la enseñanza antes de haberlo escuchado y haber verificado que hace sentido para él. Un día que yo daba una plática a este respecto, dije: "La comunión es más importante que la enseñanza". Y mi padre, que se encontraba entre el público, dijo en voz alta: "¡La comunión es la enseñanza!". Cuando Swami Prajñanpad me responde "cuac, cuac, cuac", enseña, encarna la enseñanza tanto como cuando él explica que la aceptación conduce a la paz interior.

No obstante, y es el tema que se trata en la tercera parte de este libro, claro que sí hay una enseñanza de Swami Prajñanpad. ¿Y cómo puede uno conocerla puesto que Swamiji nunca la formuló ni oralmente ni por escrito de manera sistemática? Comprobando que, de entrevista en entrevista, de carta en carta, Swami Prajñanpad regresaba a los mismos temas. Daniel Roumanoff dice: "Cuando nosotros hablamos de la enseñanza de Swami Prajñanpad, utilizamos la palabra 'enseñanza' por no haber otra. Podríamos también decir 'respuestas a las preguntas hechas por tal o tal discípulo'[71]." Y Daniel Roumanoff agrega que esas respuestas son muy constantes y perfectamente coherentes.

---
71 Daniel Roumanoff, *op. cit.*, tome 1, p. 74.

Ciertas entrevistas, como las ya citadas, podían desarrollarse de manera inesperada. Con frecuencia, Swami Prajñanpad procedía de acuerdo con un orden bastante similar que Daniel Roumanoff describe de esta manera:

"Swamiji no habla de manera general, sino que contesta a las preguntas que se le hacen a partir de los problemas más simples de la vida cotidiana. Es por eso que, en cierta manera, puede hablar a todo el mundo: niños o adultos, incultos o cultos, creyentes o no creyentes. Su punto de partida es siempre muy aterrizado y hasta banal. Al hacer una lectura superficial de ciertas cartas o transcripciones de entrevistas, podríamos ver nada más que consejos simples y de sentido común. Y es cierto que, de esos, da muchos. Pero no se detiene ahí. No es más que el punto de partida. Según la capacidad de su interlocutor, sus posibilidades, su demanda, Swamiji va a ampliar la cuestión. Va a pasar de lo particular a lo general, de lo limitado a lo más vasto, y a fin de cuentas, de lo más banal a lo más elevado".

Y en ese movimiento de lo particular a lo general es donde la enseñanza aparece, al mismo tiempo muy concreta y llena de expectativas espirituales muy altas. Pero por más interesantes que sean las ideas, no tienen ningún sentido más que a la luz de este consumado arte del acompañamiento, de este amor infinitamente paciente, de esta adaptación perfecta al otro.

De hecho, no hay diferencia entre este arte del acompañamiento y la enseñanza de Swami Prajñanpad. La manera con la que él se posiciona respecto a cada persona que solicita su ayuda no difiere de la manera con la que acoge todos los aspectos de la realidad, todas las situaciones de la vida. Los mismos valores están en acción: la aceptación, el amor, la paciencia, la adaptación, la disponibilidad, el sentido del *timing*, la admiración…

TERCERA PARTE

Vivir y ver: La enseñanza de Swami Prajñanpad

"La libertad llega viviendo y viendo; no pensando. Porque solamente la experiencia de la vida nos da una base de datos sólida para ver los hechos como hechos, y no como ideas, hipótesis o imaginaciones[72]."

---

72 Srinivasan, *Entretiens avec Swami Prajñanpad*, p. 82.

IR HASTA EL FONDO DE LA EXPERIENCIA HUMANA

Ahora que usted ha vuelto a encontrar las fuerzas para salir al mundo y enfrentarse valientemente a la lucha por la vida, usted debe de hacerlo a gran escala, en lugar de mantenerse alejado del vasto dominio de la acción[73].

UNA VÍA EN EL MUNDO

La vía propuesta por Swami Prajñanpad es una vía en el mundo. Si, como él lo afirma, "todo lugar es un lugar para ser", no es necesario retirarse. Por más tranquilo que sea el monasterio, y por más activa que sea la empresa, son de igual manera un lugar para ser.

Para comprender la especificidad de esta vía, es necesario ponerla en perspectiva con otros enfoques. Si todas las tradiciones nos proponen un camino que nos lleva del sueño al despertar, lo que puede diferenciar esos caminos son los medios para lograrlo, el método. Así como para ir de París a Marsella uno puede hacer el trayecto en tren, en avión, en auto, a caballo, en bicicleta o a pie, hay muchas maneras de recorrer el camino del sueño al despertar, muchas maneras para pasar del egocentrismo al estado sin ego. Y toda vía auténtica remite a una práctica, a un ejercicio, exige un compromiso profundo y sincero, exige que uno pague un cierto precio.

---

73 Sumangal Prakash, *Swami Prajñanpad, mon maître, op. cit.*, p. 207.

Otro punto importante: una vía auténtica no es una receta casera, una yuxtaposición más o menos libre de prácticas sacadas de diversas tradiciones. Los fundadores son muy raros y no todo el mundo tiene la facilidad de crear una vía nueva. El objetivo es mantenerse humilde. En el mundo de las artes marciales, tenemos, por ejemplo, el caso excepcional de Jigoro Kano, el fundador del judo. Él practicaba el ju-jitsu. Deportista, pero de talla menuda, sufría del hostigamiento de los jóvenes más fuertes que él. Para él, encontrar una salida se volvió una necesidad vital para él. Un día de invierno observó que las ramas rígidas de los árboles grandes se quebraban bajo el peso de la nieve, mientras que las ramas del cerezo, más flexibles, se deshacían del peso que cargaban doblándose. Entonces tuvo la intuición de una nueva disciplina: el judo, el camino de la flexibilidad y de la no-resistencia, cuyo principio sería devolver la fuerza del adversario en su contra.

Swami Prajñanpad también es un fundador. Todas las grandes obras, las grandes disciplinas, nacen de intuiciones profundas que surgen de una necesidad vital. Inserto en la tradición de la India (en particular lo que se llama el *Yoga del conocimiento*), vivió en una época particular, marcada por el contacto con el mundo occidental. Buscó, con un sentimiento de "imperiosa necesidad", una respuesta a sus preguntas. Retomando los principios fundamentales de la tradición hindú, los confrontó con disciplinas venidas de Occidente, como la ciencia y el psicoanálisis, asimilando todos esos elementos a partir de su propia sensibilidad, de su exigencia de la verdad. Al vivir intensamente cada una de sus experiencias, obtuvo las lecciones de sus propios errores, en particular de su sentimentalismo e idealismo. Así, desarrolló un enfoque específico fundado en el amor a la vida y el compromiso con la existencia concreta, cualquiera que ésta sea.

Existen algunas grandes familias de vías espirituales. Algunas de ellas exigen la renuncia, como la vía monástica o la eremítica. Otras se desarrollan en nuestra existencia tal y como es y son compatibles con la vida amorosa, familiar y profesional. Algunas vías requieren que sus adeptos vayan errando por las carreteras, que renuncien a tener un domicilio fijo, y otras están fundamentadas en la vida en comunidad. Algunas vías son muy sofisticadas, proponen ritos y mitologías llamativas. Otras son muy sobrias y discretas.

La vía de Swami Prajñanpad no incluye ni ritos, ni plegarias, ni cantos, ni devoción a ninguna divinidad. Descansa sobre todo en una disposición interior hecha de vigilancia, de aceptación, de discriminación y de sensibilidad a lo largo del día. El buscador comprometido con este camino puede estar llevando a cabo una intensa práctica sin que esto sea visible desde el exterior.

Es una vía en el mundo, que se practica en lo concreto de nuestra existencia tal y como ésta se presenta: en la familia, en el trabajo, en las vacaciones, en nuestras responsabilidades y en nuestros tiempos libres, tanto en los deberes como en los placeres. En cambio, es necesario llevar a cabo pausas y prever tiempos específicos para retiros. Los discípulos franceses de Swami Prajñanpad tenían una vida familiar y profesional intensa con responsabilidades importantes. Pero se ausentaban una vez al año para pasar un mes, y a veces más, con su maestro en un período de silencio, de completa soledad y de interiorización.

La espiritualidad y la sabiduría con frecuencia se asocian a imágenes de retiro del mundo: el monje en su monasterio, el viejo sabio, el ermitaño viviendo lejos de las agitaciones de la sociedad, o inclusive la vida simple y frugal que Epicuro y sus amigos tenían en el "jardín". Esta representación está totalmente fundada ante la observación de la agitación, la avidez y la violencia que afectan al mundo. Fácilmente se puede tener la impresión de que los seres humanos corren detrás de quimeras y ponen demasiada energía para jugar un juego absurdo. Si el mundo no es más que agitación y preocupación, hay que intentar desengancharse. De manera muy coherente, algunas vías, como la monástica, invitan a la renuncia, lo que tiene sus ventajas, pero también sus inconvenientes.

En ciertos casos, la renuncia puede esconder una crítica, una condena, una amargura o una huida del mundo. En la novela de Huysmans, *À rebours*, el personaje principal, Des Esseintes, encarna bien esta mezcla de desprecio y desilusión agria, como nos lo muestra este extracto: "Él estaba listo para el aislamiento, cansado de la vida, ya no esperaba nada de ella; tal como un monje, él también estaba agobiado con un desánimo inmenso, con una necesidad de recogimiento, con un deseo de no tener nada en común con los profanos que, para él, eran serviles e imbéciles. Sentía una gran simpatía por esa gente encerrada en monasterios, perseguida por una odiosa sociedad que no le perdona ni el justo desprecio que tiene por ella ni la voluntad que afirma de redimir, de expiar con un largo silencio, el desenfreno siempre creciente de sus conversaciones absurdas y fastidiosas[74]."

Esta situación es interesante, pues define implícitamente la enseñanza de Swami Prajñanpad que se sitúa en el polo opuesto del clima que emanan estas líneas. Con Swami Prajñanpad, todo transpira amor por la vida, energía, asombro y calor humano. Recomendaba ir hasta el límite de la experiencia humana, no huir, no permitirse ninguna escapatoria, ser uno mismo y hacer las cosas de todo corazón.

Esta "búsqueda de uno mismo" no consiste en convertirse en una personalidad excepcional, como el general De Gaulle, Marie Curie o Mick Jagger. Se trata simplemente de relajarse y de dar resultados. Expresar todo su potencial no es necesariamente vivir experiencias extraordinarias sino vivir con plenitud lo que a uno le corresponde vivir. "La perfección no es hacer algo grande y hermoso, decía Swamiji, sino hacer lo que uno está haciendo con grandeza y belleza[75]."

LA AFIRMACIÓN ABSOLUTA DE LA VIDA

Este impulso por ir hasta el límite de la manifestación tiene sus raíces en un amor incondicional a la vida. Mientras que Swami Prajñanpad llevaba una vida de renuncia lejos del mundo, la intuición fundamental que sustenta su enseñanza podría definirse así: *la afirmación absoluta de la vida como manifestación de energía que exige una participación lúcida, audaz y gozosa*. "¿Qué es Swamiji? Swamiji no es nada más que el hecho de vivir completamente, perfectamente. Estar en el ashram, estar con Swamiji, significa aprender a vivir. Eso es todo[76]."

---

74 Huysmans, *À rebours*, Gallimard, 1977, final del capítulo 5.
75 Srinivasan, *Entretiens*, p. 71.
76 Daniel Roumanoff, *op. cit.*, p. 307.

Para Swami Prajñanpad, la vida es al mismo tiempo una fiesta que exige nuestra participación plena y entera, y una sucesión de situaciones que necesitamos asumir respecto a las cuales necesitamos situarnos, y hasta un juego que tenemos que jugar lo mejor que podamos sin hacer trampa. La vida también puede ser vista como una arena a la que hay que bajar en lugar de quedarnos protegidos en las gradas. Se trata de tomar la vida en su totalidad, con sus altibajos, sus júbilos y sus penas, sus éxitos y sus fracasos. Se trata de participar a fondo, lo que implica renunciar a todas nuestras negaciones, nuestras ilusiones, nuestras huidas, nuestras escapatorias y a todas nuestras cobardías. Todos los aspectos de la enseñanza se desprenden de ahí: la aceptación, la comunión, la sensibilidad, la lucidez, la acción, el deseo, el poner orden en nuestra existencia (*deliberate living*)...

En Occidente, la idea de sentirse vivo, de participar intensamente en el movimiento de la vida, tiene una connotación muy positiva. Estimula nuestra necesidad de vivir sensaciones fuertes; situaciones excepcionales. Pero si nos exalta el hecho de tener dones particulares, de llevar a buen fin proyectos ambiciosos, de enamorarnos, tenemos mucho menos entusiasmo cuando los resultados ya no nos son tan favorables; cuando se presentan dificultades en nuestro trabajo o en nuestras relaciones, y cuando lo cotidiano nos atrapa en toda su banalidad.

Según Swami Prajñanpad, participar de lleno y por completo en el movimiento de la vida es tomar todo, abrir grande los brazos para acoger todo lo que nos sucede, es superar la dualidad entre lo ordinario y lo extraordinario, entre gratificación y fracaso. Tenemos que estar plenamente ahí, tanto en el éxito como en la dificultad, sentir y experimentar tanto el gozo como el sufrimiento, conocer todas nuestras zonas de sombra, con frecuencia a costa de nuestro confort y de nuestra seguridad a fin de poder llegar a decir un día, como lo hizo el poeta Terencio: "Nada de lo que es humano me es desconocido".

¿Qué obstáculos le ponemos al movimiento de la vida? ¿El miedo? ¿La culpabilidad? ¿La avidez? ¿El orgullo? ¿La rigidez? ¿La auto satisfacción? ¿La negación? ¿La incapacidad de cuestionarnos? ¿La mala fe? ¿El egoísmo? La lista puede ser larga...

Abrazar la vida en todos sus aspectos implica hacer esfuerzos, vivir, sentir, amar, actuar, intentar, equivocarse, aprender las lecciones de nuestros errores, recibir golpes, dejarse romper el corazón, volverse a levantar, satisfacer nuestros deseos y saber vivir el duelo, llevar a cabo lo que nos corresponde, ser capaces de saborear conscientemente todas las experiencias que se nos presentan, estar ahí con autenticidad.

No se trata solamente de vivir cada vez más intensamente. Es necesario ser cada vez más lúcido, conocerse mejor cada día, ser capaces de mirar la realidad de frente, ver las cosas tal y como son, mentirse menos cada día y tomar conciencia de todos nuestros condicionamientos. Es lo que Swami Prajñanpad llama "ver". Ver, es vivir libre del peso del prejuicio, de la opinión, del juicio, de la comparación y de la ilusión.

En resumen: la Vía, es vivir y ver, es actuar con los ojos bien abiertos. Es observar esta manifestación con una mirada lúcida y comprometernos completamente con ella. Vivir sin ver y ver sin vivir son dos formas de esquivar. Vivir sin ver, es vivir ciegamente, sin nunca cuestionarse; sin nunca ponerse en tela de juicio. Y ver sin vivir, es hacer trampa; es refugiarse en su torre de marfil y observar con condescendencia a esos pobres seres humanos que se agitan en el exterior.

La existencia humana es un movimiento que va del nacimiento a la muerte con una fase de crecimiento seguida de una fase de declive. En la fase de crecimiento, se incrementa el poderío, se expresa su ser, se trata de realizar, con más o menos éxito, lo que uno ya trae consigo por lograr. En la fase de decrecimiento, se es testigo de la decadencia más o menos pronunciada de las capacidades físicas e intelectuales. Si todo marcha bien, la fase de decrecimiento corresponde a la vejez; pero puede ocurrir antes de lo previsto a causa de una enfermedad o de un accidente.

La fase de crecimiento es el momento de la expresión, de la sanación de las heridas, de la satisfacción de los deseos; la fase de decrecimiento confronta a cada ser humano con el desapego, la renuncia, el duelo. Es verdad que el camino de Swami Prajñanpad no es un camino de renuncia. Se trata de abrazar el movimiento de la vida, pero ese movimiento, al fin, de todos modos va en el sentido de la renuncia. ¿Esa renuncia nos va a sacar las tripas? ¿O la vamos a vivir como un paso simple y natural hacia la última etapa de nuestra existencia? ¿Moriremos en paz, con un sentimiento de plenitud y agradecimiento? Esa es la pregunta.

Todo el arte consiste en llevar la propia existencia, con todos los deseos, proyectos, heridas, dependencias o ambición que llevamos en nosotros, de tal manera que un día la renuncia se haga sin ninguna dificultad, sin ningún combate heroico, de manera que no seamos nosotros los que renunciemos, sino que nuestra avidez caiga por sí misma.

El objeto de toda vía espiritual es descubrir lo indestructible, lo absoluto –el Sí-mismo, en el vocabulario de Swami Prajñanpad. Ahora bien, parece que este último llama nuestra atención no sobre lo indestructible, sino sobre la vida, que no es otra cosa que cambio, aparición y destrucción. Nos invita a comprometernos plenamente en esta dirección pues en medio del cambio es en donde descubriremos la eternidad.

De echo, no hay diferencia geográfica entre Dios y el mundo, entre lo Absoluto y lo Relativo, entre lo que escapa a toda destrucción y lo que es destructible, entre lo que es permanente y lo que es impermanente, ni entre el estado sin ego y el ego. Todo esto se encuentra en el mismo lugar, íntimamente unido. Quien aborda en su totalidad el movimiento de la vida, descubre la realidad intemporal en medio de la vida cambiante; quien acepta los aspectos múltiples y contrastantes de la vida, descubre la unidad; quien acepta que la vida sea la alternancia entre nacimiento y muerte, descubre aquello que está más allá del nacimiento y de la muerte. Descubre aquello que, no habiendo jamás nacido, nunca morirá.

Extracto de una carta del 27 de enero de 1965 de Swami Prajñanpad a su discípula Kanaka:

Sí, madrecita, la vida es un juego, un desafío, una conquista, simplemente porque las cosas suceden solamente una vez. El agua que pasa debajo de un puente nunca es la misma. Todo lo que sucede es nuevo, y por lo tanto precioso, fuente de luz. Todo lo que llega, llega solamente para enriquecerla, para iluminarla, únicamente cuando usted esté lista para aceptarlo.

Entonces, manténgase siempre preparada para ser sorprendida. Cada vez más vasta, cada vez más amplia. Entonces, acompañe, siga, asimile lo nuevo. Y depende totalmente de usted el volverlo completo, entero y perfecto. Es suficiente con pagar el precio. Manténgase al unísono, en armonía con ese cambio continuo, con ese juego de la vida: regocíjese con sus aspectos más pequeños. ¡Haga de su vida una fiesta continua de novedad, de dicha, de iluminación, de plenitud, de perfección[77]!"

---

77 *Les yeux ouverts*, ediciones Accarias, l'Originel, p. 35.

VIVIR

"Nada de ascetismo; ninguna restricción... ¿Por qué limitarse, impedirse, tullirse, paralizarse? Tiene usted que estar sano, entero y completo... El camino es degustar los frutos de la vida[78]."

En Occidente, la expresión "estar vivo" evoca el placer sensual y las sensaciones fuertes. Estar vivo es amar comer, beber, hacer el amor, reír... De acuerdo con esto, los adolescentes que beben una copa tras otra en un centro nocturno se sienten más vivos en ese momento que estudiando. Pero cuando Swami Prajñanpad evoca el hecho de vivir, lo hace desde una perspectiva mucho más vasta.

La vía de Swami Prajñanpad no es moralizadora: saber darse placer es parte integral de una vida equilibrada, al igual que un poco de caos es parte del orden y el exceso momentáneo es parte de la mesura. Sin embargo, vivir conscientemente no se limita a eso.

DE LA EMOCIÓN AL SENTIMIENTO: SER CAPACES DE SENTIR

Vivir significa tener un corazón vivo.

Cuando yo era niño, en la época del Bost (el primer centro espiritual que abrió mi padre), yo escuchaba hablar de la enseñanza y uno de los dos o tres temas que aparecían con más frecuencia era el de la emoción. Sobre este tema, una de las fórmulas claves de Swami Prajñanpad era: "La emoción nunca es justificada" y estaba claro que el sabio ya no tenía emociones. Esta proposición suscitaba reacciones muy fuertes: "Pero ¡cómo! ¡La emoción es la vida! Si uno deja de tener emociones, uno es como una piedra. ¡Está uno muerto!".

Al mismo tiempo, cada uno de nosotros ha podido constatar los efectos negativos de la emoción —o al menos de ciertas emo-

---
[78] *ABC d'une sagesse*, Albin Michel, «Spiritualités vivantes», 2009, p. 33.

ciones– en su existencia: la emoción nos arrastra y nos ciega; nos hace perder la cordura y nos empuja a actuar sin consideración, con frecuencia hiriéndonos a nosotros mismos o hiriendo a otros. "Cuando usted está sometido a las emociones, usted es una marioneta. No tiene ninguna entidad. Es arrastrado[79]."

Yo también había comprendido que el sabio no tenía corazón de piedra puesto que la compasión, el amor, la ternura, el calor humano eran parte de sus cualidades.

Sin embargo, a fuerza de insistir en la necesidad de liberarse de la emoción, lo que se me había escapado era hasta qué punto Swami Prajñanpad valorizaba la capacidad de sentir, de abrir el corazón, de dejarlo vivir, de hacerlo vasto, inclusivo y audaz; hasta qué punto nos pedía atrevernos a sentir y a dejarnos conmover.

"La sensibilidad pasa por el corazón. Usted recibe un golpe, e inmediatamente, tiene el corazón destrozado. Pero un hombre superficial, en cuanto no deja que nada le llegue hasta el corazón, no estará herido. Mientras que un hombre sensible queda herido inmediatamente[80]."

Un día, uno de sus estudiantes, llamado Surendra, le preguntó a Swami Prajñanpad qué fue lo que había realmente hecho que su vida cambiara. Este último le contó algunos acontecimientos decisivos. Y fue entonces cuando Surendra se asombró: "Pero Swamiji, le dijo, ese tipo de acontecimientos son extremadamente comunes y no cambian la vida de las personas".

Y he aquí la respuesta dada por Swami Prajñanpad, que ofrece una especie de resumen de su enseñanza:

"Desde luego. Lo que sucede, es que los acontecimientos le llegan a usted desde el exterior y usted no se deja tocar por ellos. Por eso en su vida no se produce ningún cambio. Mientras que aquél que se deja tocar profundamente por los acontecimientos está obligado a enfrentarlos. No tiene escapatoria. Pierde sus ilusiones y se libera. Aquél que es suficientemente sensible para sentirlos puede ser tocado por pequeños acontecimientos de la vida cotidiana. Es por eso que esta sensibilidad o,

---

79 *Le but de la vie*, p. 28.
80 Daniel Roumanoff, *Swami Prajñanpad, un maître contemporain*, tome 1, p. 397.

más bien, esta extra-sensibilidad es tan importante; de hecho, es indispensable[81]."

Oí muchas veces a mi madre evocar, cuando daba una conferencia, el hecho de que Swami Prajñanpad consideraba que toda situación podía hacernos progresar si nos atrevíamos a sentir verdaderamente todas las emociones que ésta provocaba.

La capacidad de dejarnos tocar el corazón por la sucesión de obstáculos y éxitos, de penas y alegrías, es una de las claves del progreso espiritual. La sensibilidad es lo opuesto de la anestesia, del endurecimiento, de la racionalización y de la negación. Dejarnos romper el corazón va a hacer caer todo nuestro mundo artificial y patético hecho de esperanzas y miedos, de ilusiones y orgullo, de pretensiones, de falsas apariencias y de opiniones; es lo que nos va a arrancar todas nuestras máscaras y aniquilar nuestras estrategias ilusorias para evitar la confrontación directa y vivificante con la realidad.

Imaginemos a un hombre de acción que ha construido su vida alrededor de su éxito profesional. Es eficaz, está muy ocupado con importantes responsabilidades, pero su escucha es pobre y frecuenta a las personas que quiere sin estar verdaderamente en relación con ellas. Después de algunos años, su compañera se cansa y lo deja. Él no quiso darse cuenta de lo que pasaba, y se queda noqueado. Así es. Así las cosas: "Los acontecimientos le llegan a uno del exterior". Si se cierra, si no se deja tocar, va a atravesar la prueba con su método habitual: sin acción, sin éxito. Él podrá seducir a otra mujer sin haber aprendido nada de esta experiencia. Mientras que, si él "se deja tocar profundamente", si se permite sentir hasta qué punto está herido, el camino comienza. Esta autenticidad es la condición previa para cuestionarse a uno mismo. La imagen que se construyó de sí mismo se va a tambalear, pero será una oportunidad extraordinaria para avanzar.

La mayoría de nosotros evolucionamos en un contexto generalizado de maltrato al sentimiento. Nuestros padres, nuestra educa-

---
81 *L'expérience de l'unité*, p. 224.

ción, la escuela, la sociedad, todo nos empuja hacia la represión. Esto va desde las expresiones más burdas ("¡Un hombre no llora!") hasta las más sutiles ("¡Después de tantos años de terapia y de práctica, yo no debería ser tan frágil!"). Entonces, no hay que sentir o sentir el menor tiempo posible y, sobre todo, que no se note. Y, además, la infancia nos puso frente a situaciones tan dolorosas que no las pudimos sentir completamente, y entonces tuvimos que cerrarnos, "blindarnos" para sobrevivir.

Algunas personas son muy emotivas y, con frecuencia, muy a su pesar. Otras pueden ser muy racionales, hablar de manera objetiva basada en buenos argumentos, y nunca enojarse. Esta ecuanimidad aparente esconde una represión de los sentimientos. Su corazón está como encerrado en un búnker.

Entonces, estar vivo es tener un corazón capaz de sentir plenamente, con fluidez, como lo hacen los niños. Antes de aspirar a tener un corazón lleno de la ecuanimidad del sabio, a la ataraxia, –ausencia de turbación–, intentemos primero sentir plenamente las emociones que nos atraviesan. ¿Tenemos, por ejemplo, alguna prohibición respecto a la ira? O bien, ¿estamos bloqueados en una emoción particular: siempre tristes, enojados o felices? Algunos están enojados toda su vida. Otros, se han instalado en el buen humor. Eso no es estar vivos.

Estar vivos es atrevernos a dejarnos amasar, volvernos vulnerables, dejar que los acontecimientos "nos trabajen".

Una de las fórmulas más célebres de Swami Prajñanpad: "La emoción jamás es justificada", puede inducir a muchos contrasentidos. El principal sería justificar la represión y la sofocación de la vida del corazón. Entonces, ¿qué significa realmente esta fórmula?

Primero, que la causa de la emoción está en nosotros. La emoción no es la consecuencia directa de una circunstancia exterior: no estoy celoso porque mi compañera me engaña, no estoy enojado porque estropearon mi auto. Estoy celoso o enojado porque los celos y la ira que estaban ya en mí se han despertado debido a una circunstancia que se dio.

Esta fórmula significa, por otro lado, que las ideas con las que racionalizo mi emoción no tienen fundamento. En el fondo, es más una fórmula que cuestiona los pensamientos ligados a la emoción, que a la emoción en sí. Esta fórmula no condena lo que uno siente; sin embargo no nos autoriza mentirnos a nosotros mismos. Lo que se cuestiona es la indignación y la certeza de tener razón. Si una emoción nos arrastra, reconozcamos humildemente que hemos sido arrastrados, más que intentar *justificarla* con una causa exterior tanto ante nosotros mismos como ante los demás.

Finalmente, y sobre todo, "la emoción jamás es justificada" significa que no es obligatorio ni fatal ser arrastrado. Mi auto puede ser destruido frente a mí, y eso no me quita la libertad de mantenerme en paz.

EMOCIONES Y SENTIMIENTOS

Swami Prajñanpad distingue entre *emoción* y *sentimiento*, términos a los que da un sentido muy preciso. Utiliza la palabra "emoción" en su sentido más común: una sensación fuerte que se impone y nos arrastra, una sacudida que perturba la tranquilidad y se manifiesta a través de modificaciones fisiológicas más o menos violentas y de toda una barahúnda de pensamientos. Para Swami Prajñanpad, la emoción es un signo de no-libertad. Es cierto que la emoción está ahí, y hay que tomarla en cuenta; acogerla cada vez que se manifieste. Pero la promesa del camino es la desaparición de las emociones.

El "sentimiento", en el vocabulario de Swami Prajñanpad, es una sensación intensa, profunda, apacible, un estado de apertura del corazón y de sensibilidad extrema. Los principales sentimientos son la dicha, el amor, la paz interior, la gratitud y la compasión. El sentimiento no provoca manifestaciones fisiológicas. Cuando una emoción es intensa, el cuerpo se afecta: sofocación, lágrimas, temblores, enrojecimiento, aceleración de los latidos del corazón, etc. Mientras que un sentimiento, aunque sea muy intenso, es compatible con una tranquilidad interior profunda.

Uno de los criterios que permite distinguir la emoción del sentimiento es la dignidad. No hay dignidad en la emoción; simplemente somos arrastrados y egocéntricos. Por el contrario, el sentimiento nos pone en resonancia con nuestra dignidad intrínseca, aun cuando tengamos roto el corazón debido a un evento doloroso.

La emoción es más versátil, superficial y dependiente de las circunstancias que el sentimiento. Las circunstancias exteriores provocan una emoción, que aparece y desaparece, reemplazada por otra. Tal situación provoca una cólera intensa, luego, esta cólera se calma. El sentimiento es estable y no es forzosamente provocado por circunstancias particulares. La emoción tiene siempre uno o varios contrarios: el "amor" se transforma en odio o en indiferencia, el sufrimiento o la inquietud siguen a la dicha y el resentimiento a la gratitud. En cambio, el sentimiento es estable e independiente de las circunstancias. Los diferentes tipos de amor ilustran bien esta diferencia. Hay un amor condicionado, provocado por las circunstancias y que se transforma fácilmente en no-amor: quiero a un colega porque favorece mi carrera y lo odio cuando me doy cuenta de que no es tan leal como yo pensaba. Y está el amor que se siente por los hijos, que no fluctúa, que no depende de lo que el niño haga o deje de hacer.

Esta distinción entre emoción y sentimiento en el fondo es bastante evidente e intuitiva. Basta con constatar la presencia de emociones, ya sea en nosotros o en nuestros amigos, y nos parece que el hecho de que un amigo, un vecino, o un colega esté susceptible, celoso, deprimido, furioso o ansioso, es parte de la naturaleza humana. En cambio, nos cuesta trabajo representarnos a Sócrates o Buda en alguno de esos estados. Imaginemos que vivimos en el año 410 antes de Cristo y que, al oír hablar de Sócrates, decidimos ir a conocerlo y después de tres meses de peregrinar llegamos al lugar en donde vive. Solicitamos pasar a verlo, y Platón nos dice: "El día de hoy, Sócrates no recibe visitas porque está en plena depresión" o, "De acuerdo, pero le advierto que tenga cuidado, porque está muy enojado." Algo no está bien en esta respuesta…

Es muy importante tener en mente esta distinción entre emoción y sentimiento, si no, la enseñanza de Swami Prajñanpad se vuelve incomprensible y absurda. Todo lo que dice Swami Prajñanpad respecto a la emoción, que ésta jamás es justificada, que proviene del rechazo, que nos arrastra y nos ciega, que es necesario dejar que surja en su totalidad y desaparezca, no tiene ningún sentido si no hacemos la distinción entre emoción y sentimiento con toda claridad.

La originalidad de Swami Prajñanpad a este respecto reside en el hecho de que entre todos los criterios que permiten distinguir emoción y sentimiento, nos propone uno muy preciso sobre el cual va a regresar una y otra vez: la relación con la verdad. El sentimiento nos hace lúcidos mientras que la emoción siempre está asociada con pensamientos que deforman la realidad. "La emoción aparece solamente cuando no vemos lo que es tal y como es, sino como siendo otra cosa. La emoción es una mentira, un error, no tiene fundamento[82]."

Emoción y pensamiento están ligados entre ellos en un círculo vicioso; el pensamiento provoca emociones que a su vez les dan nueva vida a los pensamientos, y así sucesivamente...
"Pensamiento y emoción: una sola y misma cosa expresada diferentemente en términos de intelecto y de afectividad. Para el niño, la emoción viene primero, porque el niño está en contacto con un mundo exterior que le es desconocido. Simultáneamente el niño se hace una idea de lo que siente: así es como aparece el pensamiento. Mientras que para el adulto el proceso es al revés, simplemente porque las ideas ya están formadas en él y vive las cosas a través de ellas. Por lo tanto, pensamiento y emoción son expresiones equivalentes, uno expresa el aspecto intelectual y la otra el aspecto afectivo[83]."

Una de las obras de teatro que ilustra mejor esta asociación entre pensamiento y emoción es la tragedia de Shakespeare, *Otelo*. Desdémona, su esposa, es una mujer amorosa y fiel, pero Otelo cree que ella le es infiel y sufre por ello. Los celos lo corroen, no porque ella lo engañe (en la realidad, no lo hace), sino porque él cree que lo hace. Esto nos recuerda la frase de Epicteto: "No son las cosas las que nos perturban, sino los juicios que tenemos acerca

---

82 *La vérité du bonheur*, p. 40.
83 *L'art de voir*, pp. 88-89.

de las cosas". Lo que lo hace sufrir, no es la realidad en sí, sino la intensidad de su creencia y la transformación de esta creencia en una certeza que ya nada podrá desmentir. La emoción, cuando nos arrastra, es una reclusión trágica.

No todo el mundo la vive tan intensamente como Otelo. No todos estamos inmersos en una atmósfera de tragedia. Sin embargo, desde el punto de vista de la práctica, es muy importante que nos preguntemos, cuando somos presos de la emoción, en qué medida estamos deformando la realidad. Tenemos que examinar nuestros sistemas de interpretación, nuestra fascinación por las ilusiones ópticas y los trucos de magia de nuestro propio cerebro. Darnos cuenta de que a veces lo que nos hace sufrir intensamente no existe, como la infidelidad de Desdémona, significa cuestionar profundamente nuestra identificación con el estado de víctima.

Para ilustrar esta idea, me gustaría compartir una situación muy banal que viví cuando estaba más joven. Éramos tres amigos, y un sábado en la mañana, me entero por otra persona que la noche anterior mis dos amigos salieron al cine sin incluirme. Eso me hizo sentir mal e inmediatamente pensé que hubieran podido llamarme, me sentí excluido y me pregunté si no tendrían algo en mi contra. En breve, le daba vueltas y más vueltas al asunto… Al cabo de un rato, por fin hablé con uno de ellos por teléfono quien me dijo que intentaron varias veces de localizarme. Y entonces me di cuenta de que simplemente no me tomé el tiempo de escuchar mis llamadas perdidas en el teléfono…

Contrariamente a la emoción que deforma la realidad, el sentimiento está basado en la capacidad de ver y reconocer la realidad tal y como es. Es un instrumento de conocimiento: "¿La diferencia entre tener una emoción y sentir plenamente? El sentimiento aparece cuando uno ve, reconoce y acepta una cosa tal y como es[84]."

El sentimiento es la emoción purificada, aceptada, sentida con más profundidad, vulnerabilidad y, sobre todo, despojada de todo el revoltijo de pensamientos que la acompañan. La pureza, en el vocabulario de Swami Prajñanpad, no es una noción moral, sino

---

[84] *ABC d'une sagesse*, p. 136.

química; es la calidad de lo que es, sin alteración ni mezcla. Así como el oro es puro cuando no está mezclado con otros metales, una sensación es pura cuando es unificada, profunda e intensa; cuando no está mezclada con ilusión o complacencia.

"La emoción, tal y como la sentimos, es impura. El sentimiento es puro. Si le quitamos su impureza a la emoción, se vuelve una emoción pura; es decir, un sentimiento. Esta impureza se debe al hecho de que no vemos las cosas como son. Las vemos de manera parcial, o bien vemos una cosa que no está ahí, algo que deseamos ver. Si vemos una cosa como es, tenemos un sentimiento de unidad con ella[85]."

ACEPTAR LA EMOCIÓN Y DESCENDER A LA PROFUNDIDAD

Una de las aportaciones originales de Swami Prajñanpad es la descripción precisa de la relación que existe entre rechazo y emoción. Propone una práctica concreta, aplicable en el seno de nuestro cotidiano, que se apoya en nuestro estado interior tal y como se presenta.

Al principio, una situación que calificamos como desagradable provoca un rechazo, y ese rechazo genera una emoción. Lo más frecuente es que no estemos de acuerdo con sentir esta emoción. Para Swami Prajñanpad, cuando una emoción nos arrastra, es porque no la aceptamos. Quisiéramos deshacernos de ella. Luchamos con la ira o la angustia en vez de vivirla conscientemente.

Si los mecanismos de represión son muy fuertes, la sensación será débil; si son menos fuertes, la emoción se manifiesta de manera más espectacular, acompañada de todo tipo de manifestaciones fisiológicas. Este es el esquema emocional básico que enseguida voy a ilustrar con algunos ejemplos sencillos.

Un hombre descubre que su auto fue objeto de vandalismo durante la noche, todo el lado ha sido rayado por algún malvado. Ese es el hecho; la situación. Primera etapa, rechazo: este hombre

---
85 Srinivasan, *Entretiens*, p. 48.

no está de acuerdo con que su auto esté rayado; no lo acepta. Ese rechazo genera una emoción, en este caso, la ira. Y ahí surge casi sistemáticamente el segundo rechazo: no está de acuerdo con estar enojado.

Un hombre celoso, aunque menos que Otelo, ve a su compañera hablar y reír con otro hombre durante una fiesta. Primer rechazo: no está de acuerdo con que esa alegre conversación tenga lugar. Este rechazo genera una emoción: los celos, y no está de acuerdo con sentir estos celos: segundo rechazo.

Rechazo del hecho, rechazo de la emoción provocada por el hecho, doble rechazo que nos arrastra; nos hace sufrir, y contra el cual nos sentimos impotentes.

Quizás sea yo una persona defendida o muy emotiva; la práctica consiste primero en reconocer la realidad de la emoción, luego en aceptarla, y finalmente en dejarla que se exprese. Expresar una emoción no quiere decir dejarse llevar por ella y derramarla sobre los demás sin ninguna vigilancia. En el vocabulario de Swami Prajñanpad, expresar una emoción es una actitud consciente, fundamentalmente no conflictual; una manera viva de acoger nuestro corazón y de dejarlo vivir. Es algo que uno puede hacer solo o en presencia de una escucha cálida y benevolente.

"Cuando una emoción aparece, déjala expresarse tanto como sea posible. Acompañe a la emoción, o más bien, sea la emoción, y ésta se agotará rápidamente[86]." Un aspecto importante de esta enseñanza es: mientras más luchamos contra la emoción, más dura; y si la reprimimos, actúa "por debajo de la mesa". La mejor solución es acogerla y dejarla ir. "Deje que la emoción tenga su desarrollo completo y desaparezca", decía Swami Prajñanpad.

"El sufrimiento está ahí; debe de aceptarlo y tomar posesión de él. Mientras el sufrimiento esté ahí, debe permitirle que se exprese. Cuando le da a la emoción la posibilidad de expresarse, su control sobre usted se debilita. La emoción lo mantiene en el interior de usted mismo. Al dejar que se agote, se libera de ella... Ella se conserva bajo la forma de memoria. Por eso es necesario permitirle expresarse o manifestarse sin ningún tipo

---

[86] *L'art de voir*, p. 59.

de censura, sin ningún control ni inhibición. Nada de rechazo. Sólo acepte: 'Sí, ahí está ella'. Durante todo el tiempo que ella esté ahí, déjela expresarse. A través de este proceso, usted se vuelve el que actúa: Sí, yo te conozco, no te niego... No sirve de nada decirle que no[87]."

Es posible que hayamos tenido esta experiencia sin querer. Ante un fuerte arrebato emocional, una persona abre las compuertas, se deja llevar y saborea hasta qué punto "eso hace bien".

Al principio, la perspectiva de sumergirse así en la emoción provoca miedo. ¿Voy a desbordarme? ¿Voy a hacer el ridículo? ¿Me devorará un proceso sin fin? De hecho, ninguna de estas inquietudes tiene fundamento, pero a veces se necesita un poco de tiempo para convencerse.

Se trata de una verdadera conversión. En lugar de luchar contra una sensación desagradable de la que uno quisiera deshacerse, se trata, al contrario, de acogerla, dejarla que se exprese.

Acoger, relajarse, saborear, conocer sin discutir, inclinarse ante la verdad del corazón humano en el instante. En el vocabulario de Swami Prajñanpad se dice que, en lugar de ser arrastrados por la emoción o por el sufrimiento, somos "uno con". Swami Prajñanpad también dice: "Aniquile la distinción entre usted y su emoción", y también: "Nada de negación, bajo ninguna formas".

Es un camino de autenticidad y de honestidad.

Primero, reconocer la presencia de la emoción; enseguida, descender a la profundidad. Este descenso, esta inmersión, sucede de forma natural a través de la aceptación. El rechazo de la superficie nos mantiene en la superficie; la aceptación de la superficie nos conduce a la profundidad.

Retomemos el ejemplo del hombre celoso que ve a su pareja hablando con otro hombre. En un primer momento, él puede negar sus celos y pretender que todo va bien. También puede molestarse consigo mismo y juzgarse: soy ridículo. O juzgar a su pareja. Pero Swami Prajñanpad nos propone sólo aceptar y sentir,

---

[87] *L'expérience de l'unité*, pp. 150 y 152.

inclinarnos ante nuestra verdad interior. Reconocer: sí, estoy celoso. La aceptación de los celos va a llevarnos a la profundidad. Es un salto a lo desconocido.

En segundo plano justo detrás de los celos quizás duerma el sentimiento de una inmensa soledad que tiene su origen en un pasado lejano. Algunos recuerdos pueden surgir, como el de una infancia dolorosa en que los padres sólo veían al hermano pequeño, tan bonito. En esta perspectiva, en lugar de estar atormentado por la frustración y las demandas infantiles que provocan los celos, es posible contactar con un sentimiento de angustia profundamente humano, darnos cuenta de que la situación presente despierta viejas heridas, que el rechazo actual está amplificado por viejos rechazos. Por lo tanto, sentir también es volver a encontrar emociones ocultas, dejar que se exprese lo que fue reprimido. Eso significa también que las demandas infantiles, las distorsiones que surgieron a causa de una educación poco afortunada, las heridas no cicatrizadas de nuestra tan sensible psique serán escuchadas y tomadas en cuenta. De ahí la importancia de hacer un trabajo sobre el inconsciente y la memoria reprimida: "Al revivir su experiencia pasada, debe aceptarla y tomar posesión de ella", recomendaba Swamiji.

El descenso a la profundidad desencadena un proceso alquímico de transformación. Es cierto que la emoción es la parte estrecha, pobre y conflictual del corazón, pero tiene su raíz en el corazón; el corazón que es capaz de amar y comprender, y la emoción nos puede regresar a él. Finalmente, detrás de todas las manifestaciones superficiales siempre se encuentra más o menos la misma historia: el amor decepcionado, el sufrimiento de la separación, la angustia, la soledad y el miedo de confrontar de nuevo esas experiencias dolorosas.

En ese nivel de profundidad, podemos sentirnos mucho menos egocéntricos, y tocar, a través de la herida propia, el sufrimiento de la humanidad entera. Entonces uno se siente cercano a los demás y conectado a ellos. Realizamos que después de todo, ellos también tienen un corazón que late y sufre. La comunión comienza con los que comparten la misma sensación dolorosa que nosotros. Luego, se extiende a aquéllos cuyo sufrimiento se manifiesta de diferente manera, por la posesividad, la arrogancia, el desánimo o cualquier otra forma de dolor. El contacto con nuestra propia profundidad nos permite percibir la profundidad de los demás. El acoger nuestra propia herida permite acoger la herida de los demás, presentirla, intuirla, incluso cuando esté escondida. Por supuesto que llegar a ese nivel de profundidad puede tomar años. Con el tiempo, el camino de la superficie hacia la profundidad se hace más rápidamente y más simplemente.

Después de habernos sumergido hasta el fondo de nuestra propia profundidad y haber descubierto que nuestra reacción emocional no es más que un caso particular de sufrimientos ligados a la condición humana, podemos tornar la mirada ya no hacia nosotros mismos, sino hacia la situación, hacia el otro, hacia lo que fue la causa exterior de nuestro sufrimiento. En ese momento, nuestra mirada cambia: sentimos comprensión y amor por la o las personas que fueron causa de sufrimiento para nosotros. Así, regresando a nuestro ejemplo del hombre celoso, él podrá mirar a su pareja y al hombre con quien ella habla de manera mucho menos egocéntrica, y podrá ver lo que realmente está pasando entre ellos: quizás su plática es completamente inocente. Pero también es posible que su pareja haya entrado en un juego inconsciente de seducción. En ese momento, él podrá mirarla con comprensión y compasión. En el fondo, ella también tiene sus sufrimientos, sus carencias afectivas, sus miedos. Es el alba del sentimiento, de la paz interior, del júbilo sin causa y del amor incondicional. Lo que parecía ser un logro reservado a sabios excepcionales, nos parece de repente más accesible. Este camino del sentir es increíblemente vivo, le da un gusto de novedad a todas nuestras experiencias.

Jesús nos invitó a amar a nuestros enemigos, pero ¿cómo puede surgir este amor así simplemente, sin ser fabricado, sin emanar de un superyó moralizador? En el fondo, para Swami Prajñanpad, no se trata tanto de amar al enemigo, sino de dejar de verlo como tal. Cuando el enemigo ha desaparecido, el amor es posible. El movimiento general de la enseñanza nos jala suavemente hacia arriba, no es ni forzado, ni impuesto, ni imitado. Amo a mis enemigos, no porque debo hacerlo, sino porque este amor surge naturalmente como resultado de un largo proceso en el que empecé a practicar la aceptación de lo que me duele o me da miedo. Y al descender a mi propia profundidad, puedo contactar el fondo común de toda la humanidad y sentirme solidario con los demás seres humanos.

DESEAR

Si vivir es sentir, vivir también es desear, y en este terreno, de nuevo Swami Prajñanpad propone un enfoque muy original.

En la India hay muchas expresiones para nombrar el estado al que la vida espiritual puede conducirnos: el despertar, la realización del Sí-mismo, la liberación, la sabiduría, el estado sin ego... Una de ellas es el estado sin deseo. Esta última no es la más popular entre los occidentales, pues les evoca la depresión; no tener ganas de nada, ¡no se antoja! En realidad, el estado sin deseo es sinónimo de plenitud. Imaginemos un estado de satisfacción, casi desbordante, en el que estamos conectados a una fuente sobre-abundante de gozo y de amor y donde no sentimos ninguna carencia en absoluto. En este sentido Swami Prajñanpad dijo: "La ausencia de deseo es el objetivo de la vida[88]". En comparación con esta plenitud, el estado "con deseos" se vive como una caída o un exilio del paraíso. Hasta un deseo legítimo, simple, fácil de realizar, revela una carencia y conlleva tensión.

Así, en lugar de vivir en el contentamiento y la plenitud, el ser humano siente una carencia, se identifica con esa carencia y empieza a esperar que cuando tal o tal deseo sea satisfecho, éste le traerá la felicidad. Es cierto que hay deseos simples y profundos cuya satisfacción trae un gozo real, y Swami Prajñanpad no dejó de alentar a sus estudiantes a ir en esta dirección. Sin embargo, fundamentalmente, en muchos casos, la causa del deseo es la ilusión. Proviene de un error de percepción de lo que somos y de lo que es la realidad.

"El deseo es la expresión de su ilusión o ignorancia o incomprensión, o más bien, el resultado de su proyección al exte-

---
88 *Le but de la vie*, p. 25.

rior... usted proyecta sus ideas, gustos, y disgustos. El deseo es una incomprensión, una ilusión, y procede del hecho de no ver. El deseo es el resultado de un prejuicio. Pensamientos y emociones se expresan bajo la forma de deseos que lo esclavizan[89]."

El deseo y el miedo marcan la caída del hombre fuera de la inocencia y del contentamiento. El deseo es muestra de la incapacidad a ser perfectamente dichoso aquí y ahora en la novedad del instante presente. Separado de sí mismo y de su propia naturaleza infinita, el ser humano coloca su esperanza de felicidad en la posesión y el consumo de objetos, experiencias o relaciones. Además, el ser humano no está hecho solamente de deseos simples cuya realización se cumple sin problema. El deseo lleva consigo numerosas consecuencias de las que no siempre es fácil escapar. El deseo implica miedo. Si deseo algo, tengo miedo de no conseguirlo, o una vez que lo tengo, tengo miedo de perderlo. "No hay esperanza sin miedo, no hay miedo sin esperanza", decía Spinoza. El deseo puede conducir a la prepotencia, llevándonos a tratar a los seres humanos como objetos. Cuando poseemos un objeto, podemos utilizarlo como mejor nos parezca, guardarlo en la bodega, romperlo, tirarlo o venderlo. El problema comienza cuando aplicamos esta forma de ver las cosas a otros seres humanos: un padre deseará que su hijo elija tal carrera, como si los hijos estuvieran ahí para realizar los proyectos de los padres; un empresario puede llegar a considerar a sus empleados solamente bajo el ángulo de la rentabilidad; el Don Juan va a seducir a una mujer y la va a dejar después de consumirla. El deseo nos somete a la frustración cuando no logramos realizarlo. Puede volvernos egoístas cuando nos arrastra y dejamos de tomar en cuenta a los demás. En fin, el deseo es la causa de la ilusión, como lo indica el célebre proverbio: No hay que tomar los deseos como realidades. Para Freud y otros autores, "lo que caracteriza a la ilusión, es que 'deriva de los deseos del hombre'": "llamamos ilusión a una creencia cuando, bajo su motivación, prevalece la realización de un deseo y, al llevarlo a cabo, no tomamos en cuenta la relación de esta creencia con la realidad[90]".

[89] Daniel Roumanoff, *op. cit.*, pp. 306-307.
[90] Freud, *L'avenir d'une illusion*, PUF, 1971, p. 44.

Por otro lado, ciertos deseos no son más que fabricaciones mentales producidas por la comparación, la envidia, la avaricia, la negación de las situaciones, la falta de autoestima o el deseo de reconocimiento. En un suburbio residencial, un hombre satisfecho con su automóvil ve de repente a su vecino pasar manejando un bonito BMW y, de repente, surge en él el deseo de tener uno también, porque eso significa que su vecino tiene éxito en la vida y él no.

Una vez que Arnaud Desjardins utilizó la expresión "el estado sin deseo" ante Swamiji, éste le corrigió diciendo: "No *sin deseo*, sino *libre del deseo*". Esta fórmula permite enfocarse en el problema, que no es tanto el deseo en sí mismo, sino la esclavitud ligada al estado de carencia. En el estado de relajación y contentamiento puede haber preferencias, pero ninguna de ellas nos hará esclavos. Libre del deseo significa, por lo tanto, que podemos satisfacer nuestros deseos en relajación y lucidez, sin caer en el miedo ni en el egoísmo, ni en la ilusión, ni en la posesividad, ni en la división, ni en la culpabilidad... Y si el deseo no se satisface, no nos sentimos frustrados.

Ya sea que estemos o no de acuerdo sobre el carácter más o menos esclavizante de algunos deseos, una cosa es cierta: constituyen una poderosa fuerza que hay que tomar en cuenta. No podemos negarlos y actuar como si no existieran. "El deseo que está presente es la verdad del momento. En ese momento no existe para usted otra verdad[91]." Reprimirlo es peligroso, y la batalla está perdida de antemano. No hay liberación posible sobre un fondo de frustración.

Swami Prajñanpad pone mucha atención en que la vida espiritual no se ponga en riesgo a causa de los deseos reprimidos. La realidad del deseo aporta un desmentido a las pretensiones del idealismo. Podemos imaginar que un buscador espiritual renuncie a la sexualidad no por razones espirituales, sino porque la sexualidad le da miedo y le provoca culpabilidad, y que esta renuncia conduzca a una inmensa frustración. Swami Prajñanpad no preconizaba

---
91 Daniel Roumanoff, *op. cit.*, p 312.

por lo tanto ningún sacrificio, como la pobreza o la castidad, y ponía en guardia contra las privaciones que pueden conducir a la frustración. Así es que no se trata de contrariar los deseos, sino de reconocerlos y satisfacerlos.

"Los deseos son como niños. Si uno trata de reprimirlos, se vuelven tercos. Golpear a un niño no lo vuelve 'bien portado'. Al final, el niño es quien va a ganar. Si quiere tener autoridad sobre sus deseos, primero es necesario ganarse su confianza a través del amor y la delicadeza con la que los trata dándoles la libertad de expresarse y respetándolos. Nuestras escrituras no nos enseñan que hay que reprimir los deseos. Al contrario, nos enseñan a satisfacerlos[92]."

El camino debe pues comenzar con una actitud de honestidad. ¿Cuáles son mis deseos? ¿Estoy libre de ellos? Si no estoy libre de ellos, entonces debo de satisfacerlos; de lo contrario, nunca me van a dejar tranquilo.

"Un deseo no puede desaparecer por sí solo sin recibir la satisfacción que necesita. La naturaleza del deseo es tal, que usted debe de satisfacerlo, si no, éste se va a vengar y lo va a destruir. La satisfacción del deseo es el único medio de agotar su energía[93]."

Un ego frustrado, culpabilizado y temeroso es estrecho y crispado. Para que el ego pueda expandirse y relajarse, es necesario que sea nutrido y no frustrado. Esta enseñanza también le da un lugar muy importante a la realización consciente de los deseos. Este enfoque contempla las dependencias clásicas (dinero, sexualidad, reconocimiento) como frutos que deben de madurar y luego caer de manera natural después de un proceso de crecimiento, no como debilidades que hay que combatir.

---

92 Srinivasan, *Entretiens*, pp. 51-52.
93 Daniel Roumanoff, *op. cit.*, p. 312.

LA SATISFACCIÓN CONSCIENTE DE LOS DESEOS

El método de Swami Prajñanpad consiste en vivir total y conscientemente las experiencias que tenemos necesidad de vivir, con todos sus componentes. Por ejemplo, tener la experiencia del dinero, es vivir la experiencia del deseo de tenerlo, del miedo de no tenerlo, del miedo de perder lo que hemos adquirido, pero también de la ilusión y de la dependencia que tenemos a los bienes materiales. En esta etapa, Swami Prajñanpad recomienda ser audaz y ver en grande: *¡Be bold!* ¡Sea audaz!, decía él.

La única restricción que tiene la satisfacción del deseo es el sufrimiento que uno podría causar a otros o a uno mismo. "Satisfaga todos sus deseos, teniendo cuidado de no herir a nadie, ni a usted mismo[94]." La satisfacción consciente del deseo en un camino espiritual no quiere decir que hagamos lo que se nos dé la gana, como el mafioso que está dispuesto a hacer lo que sea con tal de obtener mucho dinero.

"Todo está sometido a la ley y al orden; es necesario cumplir con la ley para poder disfrutar. Esto significa que cada quien debe de disfrutar de la parte que le corresponde y no tratar de apropiarse de la parte de los demás, lo que llevaría a querellas, y a un desorden que estropearía la experiencia de cada uno. Así es que es necesario satisfacer los deseos respetando las reglas, es decir, actuar de acuerdo con el *Dharma*[95]." (*Dharma* significa el orden justo de las cosas o moral justa.)

La mayoría de los deseos importantes son perfectamente legítimos y pueden cumplirse sin causar ningún daño o sufrimiento, ni a nosotros mismos, ni a los demás. El obstáculo se encuentra casi siempre en nosotros bajo la forma de barreras mentales, prohibiciones, culpabilidad, timidez o falta de confianza en uno mismo. "Si usted tiene un deseo intenso y el corazón puro, decía Swami Prajñanpad, no puede no ser satisfecho. El corazón está purificado cuando usted no tiene ni miedo ni culpabilidad." La satisfacción de nuestros deseos legítimos y simples con frecuencia encuentra obstá-

---

94 Daniel Roumanoff, *op. cit.*, p. 314.
95 Srinivasan, *op. cit.*, p. 53.

culos de creencias como: "No estoy a la altura", "No tengo derecho a eso", "De entrada, no puedo", "Al fin, no es tan importante" …

La satisfacción consciente de los deseos es un punto delicado, y con frecuencia mal comprendido. Se trata de llegar al fondo de la realización del deseo, pero sin caer en la esclavitud, cuidando no dejarse arrastrar. Satisfacer un deseo es como montar un caballo lleno de energía: hay que ser buen jinete, porque si no, quien manda es el caballo. ¿Este deseo es causa de sufrimiento para otros? ¿Estoy persiguiendo una quimera? ¿Estoy desorganizando de manera absurda mi existencia? ¿Qué es lo justo? Hay que plantearse estas preguntas instante tras instante.

"Debe permanecer dueño de la situación al mismo tiempo que satisface sus deseos. Los deseos no deben tiranizarlo. Debe ser capaz de ejercer su autoridad sobre ellos, regularlos. En otras palabras, debe ser capaz de satisfacerlos total o parcialmente, o abandonarlos. Si trata correctamente sus deseos, usted se vuelve libre[96]."

Swami Prajñanpad nos propone incluso un objetivo que parece loco: la realización de todos los deseos como experiencia que conduce al estado sin deseo, a la libertad:

"Cuando se trascienden todos los deseos que uno tiene en el corazón, uno se vuelve libre. Eso sólo se puede producir si todos los deseos que guarda en el fondo de usted mismo son liberados, soltados, sin negación ni rechazo de ningún tipo. Quien ha logrado todo lo que quería y ha satisfecho todos sus deseos, solamente él tiene el deseo del Sí-mismo; sólo él está sin deseo. Este estado sin deseo está más allá del sufrimiento, sin dolor ni sufrimiento[97]."

Cuando constatamos que todo ser humano tiene un número incalculable de deseos, ¿cómo se pueden satisfacer todos? No se puede en una sola existencia. Swami Prajñanpad sabía muy bien que los deseos son infinitos; que tan pronto se satisface uno, aparece otro, y que no hay existencia sin duelo. ¿Qué puede significar

---

96 Srinivasan, *Entretiens*, p. 52.
97 Danuiel Roumanoff, *op. cit.*, edición de bolsillo, p. 311.

entonces esto de satisfacer todos los deseos? De hecho, se trata de deseos esenciales, profundos, los más importantes. Los múltiples deseos emanan de algunos deseos fundamentales. Por ejemplo, la necesidad de reconocimiento puede manifestarse a través del deseo de ser aplaudido, de ser el primero en una situación determinada, de superar una circunstancia determinada... Podemos pasarnos una existencia entera buscando el reconocimiento en muchas, muchas situaciones, sin que la raíz del deseo sea verdaderamente atacada. La satisfacción de todos los deseos significa que, en lugar de perdernos en los múltiples deseos, hemos contactado con la raíz profunda de nuestros deseos esenciales.

Después, la calidad reemplaza a la cantidad. Si logramos tener la experiencia completa y profunda de un solo deseo satisfecho, muchos deseos se satisfacen a la vez, porque hemos tocado la esencia de la satisfacción: "¿Dice usted que hay miles de deseos? Cuando un grano de arroz está cocido, todos están cocidos. Trate de satisfacer completamente un solo deseo[98]".

Por otro lado, un deseo puede ser satisfecho, es decir, dejarnos en paz, aún si no se ha cumplido más que parcialmente. Lo que cuenta es haber hecho todo lo que está en nuestro poder para saciarlo. Que eso "funcione" o no, no depende de nosotros.

"Usted hizo todo lo que era posible... hizo todo lo que podía hacer. Que su deseo haya quedado satisfecho parcial o totalmente, es otro asunto. Lo que cuenta es lo que usted hizo y que, a cambio, usted recibió lo que era posible recibir[99]."

– *Hay que estar muy vigilante. ¿Mi deseo ha sido satisfecho? ¿Realmente lo intenté todo?*

"Todo lo que estaba a su alcance para satisfacer el deseo, usted lo hizo. Usted ha sido un *karta* (el que actúa). Sí, y no se deja arrastrar. Usted vio lo que deseaba, por qué lo deseaba; usted vio todo eso. Y después de haber visto todo eso, se lanzó a la acción para ver si el deseo se podía satisfacer. Después de haber hecho todo lo que podía hacer, usted se pregunta: '¿Entonces, obtuviste lo que querías tener?'. Si algo quedó inconcluso, si usted siente que para obtener la satisfacción completa algo le

---

[98] *Ibid*, p. 321.
[99] *L'experience de l'unité*, p. 51.

faltó a su esfuerzo, entonces continúe, continúe más y más, hasta que tenga la convicción de que hizo todo lo que estaba en su poder y que no hay nada que haya dejado de lado[100]."

La satisfacción de "todos los deseos" es entonces una mezcla de muchos factores: haber satisfecho ciertos deseos, incluso muchos; haber hecho la distinción entre deseos superficiales y deseos profundos, esenciales; haber sabido hacer el duelo de algunos de ellos; haber ido hasta el límite de nuestras capacidades de acción y de audacia; haber estado muy consciente de lo que nuestro deseo provoca o no de sufrimiento en otras personas.

Paralelamente, la satisfacción consciente del deseo nos lleva con naturalidad a la consciencia del hecho de que ningún deseo puede ser satisfecho. Esto parece contradictorio. Por un lado, hay que satisfacer todos nuestros deseos, y por el otro, darnos cuenta de que ningún deseo puede ser realmente satisfecho.

"¿Cómo podría satisfacerse un deseo? No se puede. Es un hecho. ¿Cómo puede usted estar seguro de que un deseo jamás puede ser satisfecho? Únicamente cuando haya hecho todos los esfuerzos posibles para satisfacerlo, cuando no haya dejado nada de lado. Solamente en ese momento y no antes[101]."

Para entender esta paradoja, yo distingo dos tipos de insatisfacción respecto a los deseos: una es psicológica y la otra, espiritual. No encontré esta distinción formulada tal cual por Swami Prajñanpad, pero me parece que es fiel a su perspectiva.

La insatisfacción psicológica viene de todas esas carencias que arrastramos desde nuestra infancia y por nuestra falta de unificación cuando cumplimos nuestros deseos. Inconsciencia, división, miedo, culpabilidad, desvalorización, comparación, siempre hay algo que altera la satisfacción. Un artista tiene necesidad de reconocimiento; se hace aplaudir, eso le hace bien, pero poco tiempo después, siente de nuevo la misma necesidad que parece insaciable.

---

100 *L'experience de l'unité*, p. 136.
101 *Ibid*, p. 51.

La insatisfacción psicológica puede y debe ser curada, y de eso se trata cuando Swami Prajñanpad nos encomienda satisfacer nuestros deseos. Se trata no solamente de realizar nuestros deseos, sino de ser capaces de apreciar, de saborear los efectos de este logro. En el ejemplo del artista citado más arriba, de lo que se trata es de apreciar conscientemente el reconocimiento público, de dejarse conmover por ese reconocimiento. Lo importante es contactar la carencia, la herida, que está en el origen de ese deseo, para lograr liberarse de él. Sólo así dejamos de ser pozos sin fondo; nos sentimos colmados y nutridos, y sentimos gratitud por la vida.

La insatisfacción espiritual es completamente de otro orden: no debe ser curada, sino atizada. Proviene del hecho de que nuestro deseo profundo, el más importante, el más esencial, es el de tener la experiencia del absoluto, o del infinito. Todos los deseos que podemos experimentar se derivan de ese deseo primordial.

"El hombre busca constantemente tener más y más. Su deseo es ilimitado. Esto viene, desde luego, del interior de su ser, debido a la incapacidad particular del hombre de quedarse confinado en un lugar con límites, ¡como si todas esas limitaciones no fueran para él! ¿Entonces? Esta ausencia de límites, que implica trascender todas las limitaciones, está ahí, en su interior; él mismo es este infinito. Todo eso es el juego de esta infinitud, de esta libertad. El hombre no es prisionero, es infinito y eterno; ¡este sentimiento está en él de manera inconsciente! Él mismo deberá ser este infinito[102]."

En la insatisfacción espiritual, no sufrimos por falta de sexualidad, de reconocimiento o de dinero. Sufrimos por ser dependientes y por tener miedo, sufrimos por sentirnos separados, sufrimos por estar encerrados en los límites del ego.

La insatisfacción psicológica nos hace dependientes de las circunstancias exteriores; la insatisfacción espiritual no tiene solución más que en el infinito. La insatisfacción psicológica nos esclaviza en la mendicidad afectiva; la insatisfacción espiritual se abolirá con el amor incondicional.

---

[102] *La vérité du bonheur,* pp. 136-137.

La insatisfacción espiritual es un estado intenso de vacío y de carencia que Swami Prajñanpad considera como positivo y necesario; un estado que actúa como un aguijón de consciencia, que lleva una demanda absoluta de ser colmado y que solamente será colmado con el infinito. La satisfacción consciente de los deseos humanos enciende el fuego de la búsqueda espiritual. Esa es su razón de ser.

"Llega un momento en la vida en el que uno siente y se da cuenta de que los deseos no pueden darnos la satisfacción a la que aspiramos. Dicho de otra manera, uno siente: 'Sí, he recibido todo del exterior, pero no aquello que puede satisfacerme y esta satisfacción no la puedo obtener del exterior porque he vivido, he visto y he disfrutado de todas las cosas'. Entonces, y solamente entonces, surge una necesidad imperiosa. ¿Qué pasa? Ni en el exterior, ni en la dualidad, ni en el 'yo', ni en el 'objeto', ni en ese estado de separación puedo encontrar satisfacción. ¡Entonces surge un sentimiento de vacío! Un sentimiento de vacío que viene del fondo del corazón, un sentimiento exigente que no tolera ninguna frustración, que no puede más que encontrar aquello que no cambia y que dura; eso es la necesidad de la verdad, de lo que no es dos, de lo que no es ni sujeto ni objeto, sino un estado en el que se es libre de los dos. Este es el deseo imperioso de ir de la no verdad a la Verdad o de las verdades a la Verdad, de la dualidad a la Unidad, de la obscuridad a la Luz[103]."

DESEDUCARSE

Todos somos víctimas de diversos condicionamientos en función de nuestra historia, educación y de la sociedad en la que vivimos. Con facilidad perdemos contacto con lo que verdaderamente somos, estando sujetos a tantas influencias y tantas experiencias que nos "deforman". De ahí, la necesidad para Swami Prajñanpad de "deseducarnos":

---
[103] *L'art de voir*, pp. 40-41.

"Nuestros pensamientos son citas, nuestras emociones son imitaciones. Absorbemos las ideas, las opiniones, los prejuicios, las atracciones y las repulsiones, los ambientes y los comportamientos que se encuentran en nuestro entorno sin examinarlos ni verificarlos. De ahí que, primero, debamos deshacernos de todos los dichos, prejuicios, supersticiones, atracciones, repulsiones, creencias, etc., para comenzar una nueva vida.
Un adulto debe de examinar con atención sus pensamientos, sus emociones, sus creencias y supersticiones, sus costumbres y métodos de trabajo. Debe de examinar lo que es favorable y lo que no lo es. Debe de volverse consciente de cada uno de sus pensamientos, de cada una de sus emociones y de cada una de sus acciones. Es necesario poner todo a prueba y verificar si es compatible con la razón. Este pensamiento, esta emoción ¿son verdaderos? Esta acción, ¿es justa? Este método, ¿es el mejor? Si es el caso, muy bien. Si no, hay que hacer algo para rectificarlo. Así, nos volvemos capaces de pensar por nosotros mismos y de actuar de acuerdo con lo que somos. Es necesario cuestionarlo todo, tanto las cosas grandes como las pequeñas y actuar en función de lo que somos. El primer paso consiste en deshacerse de todos los pensamientos, emociones y acciones que vienen del exterior. Deseducarse. Deshacerse por completo de un objeto querido, o de una repulsión o de una creencia en un Dios personal en el paraíso o en el infierno, o de una respetable práctica religiosa cualquiera que ésta sea[104]."

Este aspecto de la enseñanza nos recuerda lo que la modernidad le trajo a Europa: un cuestionamiento de toda autoridad, de toda creencia, de todo orden establecido. Todo puede ser cuestionado. De hecho, no se trata tanto de cuestionar a las autoridades exteriores como la Iglesia o la tradición, sino el propio sistema de valores, gustos y opiniones. ¿Qué es lo que me llega de mis padres? ¿De la escuela? ¿De la sociedad?

Hay que examinar cuidadosamente pensamientos, opiniones e ideologías. Las opiniones políticas, desde luego: tengo ideas de

---
104 Srinivasan, *Entretiens*, pp. 15-16.

izquierda o de derecha, ¿por qué? Pero también todo lo que considero como bueno o malo. Ya no hay certezas protegidas; todo debe de examinarse, todo puede ser cuestionado. Cuando Swami Prajñanpad comprendió que él estaba todavía sometido a los juicios de valor y a los principios de pureza de su casta brahmán que prohíben, por ejemplo, comer un alimento que fue tocado por un miembro de otra casta, no se conformó con hacer consciencia de ello. Decidió pasar a la acción: invitar a un miembro de otra casta, servirle una comida y comerse las sobras. También es necesario mirar de cerca todas las acciones, incluyendo las acciones cotidianas, banales, habituales. Alguien muy meticuloso puede preguntarse por qué es tan meticuloso. Podemos cuestionar todas nuestras formas de hacer las cosas; todos nuestros hábitos.

"Siempre cuestione su manera de actuar. Pregúntese: '¿Por qué actúo así? ¿No hay otro método? ¿Lograré mi objetivo? ¿Me comporto así porque mis padres hacían lo mismo?'. Así, debemos de hacernos todo tipo de preguntas, bajo todos los ángulos y cambiar nuestro comportamiento o nuestra manera de hacer las cosas si es necesario[105]."

Deseducarse incluye aquello que hago, pero también aquello que no hago; aquello que no se hace. Si en mi familia siempre ha habido juicios respecto a tal actividad humana, puedo prohibirme esta actividad, mientras podría convenirme llevarla a cabo, como un artista nacido en el seno de una familia utilitaria cerrada al arte, o un deportista nacido en un medio de intelectuales que desprecian el deporte.

También debemos ser vigilantes con respecto a lo que toma la apariencia de una libertad, pero que no es más que una reacción a los valores de nuestros padres. Un joven perteneciente a una familia burguesa, católica muy de derecha puede adoptar ideas anticlericales de extrema izquierda en reacción a su educación. Sin embargo, ¿se ha convertido verdaderamente en él mismo? Con frecuencia, el ser humano es como un cerezo sobre el cual se

---
105 *Ibid*, p. 82.

hubiera ejercido presión para que produciera manzanas, y él resiste a esa presión produciendo ciruelas. Pero eso no es libertad...

Deseducarse implica un trabajo muy profundo y, a menudo, incómodo de conocimiento de uno mismo. Incómodo porque es necesario renunciar a la identidad que nos forjamos sin tener idea de a dónde nos va a llevar. ¿Quién soy yo verdaderamente detrás de estas capas sedimentadas de influencias y deformaciones? ¿Soy por lo menos todavía alguien? Podemos atravesar por tanto tiempo pasajes vacíos durante los cuales no recurrimos más a los viejos hábitos de los que nos hemos deseducado, sin saber todavía qué los va a reemplazar.

Volverse auténtico requiere de perseverancia.

DELIBERATE LIVING, PONER ORDEN EN SU VIDA

Estar vivos no es solamente sentir y desear; también es asumir responsabilidades, desempeñar nuestro papel en la existencia.

Vivir es vivir la realidad en el seno de la cual los actos tienen consecuencias. Por lo tanto, se trata, por un lado, de evitar las acciones de las que sentimos que no podremos asumir las consecuencias evidentes y, por el otro, llevar a cabo con conocimiento de causa aquéllas cuyos efectos debemos asumir, ya sean positivos o negativos. En resumen, es necesario ser buen jugador. Estar vivo es aceptar el juego y las reglas del juego. A veces perdemos y a veces ganamos. Permanecer retirado es rechazar ese juego. Hacer trampa, no querer perder, abandonar la partida, nos condena a la incoherencia. Tenemos que revisar con atención todos los aspectos de nuestra existencia para descubrir en cuáles hacemos trampa o nos negamos a jugar. El camino propuesto por Swami Prajñanpad se inscribe en el marco normal, concreto y cotidiano de la existencia, siempre y cuando ésta haya sido puesta en orden; una existencia en la que no jugamos el juego, no puede servir de apoyo para un trabajo cuya esencia es la de siempre cuestionarnos.

Hemos sido condicionados para hacernos una imagen tediosa del orden: el orden es pesado, es una imposición, es aburrido, es la obligación, la frustración, el deber.

En el plano espiritual, el orden es una noción viva y liberadora; es la vida, es lo que suena justo. La práctica permite, por otro lado, desarrollar un oído sensible a lo que suena justo y a lo que suena falso. ¿Qué pensaríamos de un músico que tocara un instrumento desafinado bajo el pretexto de que afinarlo es una obligación fastidiosa? ¿Qué experiencia resultaría de la música bajo estas condiciones?

El desorden es lo contrario, es lo que estrangula la vida; que inmoviliza la energía y nos deja una sensación de malestar difuso. Es todo aquello que en nuestra vida es aproximado, o que desearíamos ocultar, como si fuera un motor desafinado del cual no deseamos abrir el capó. La paradoja es que decimos: "No quiero perder el tiempo afinando el motor, porque la vida es andar; es circular". Pero un auto que tiene el motor desafinado no va a dar toda su potencia.

Entonces, para empezar, se trata de poner orden en el sentido más concreto: arreglar nuestros asuntos, ser ordenados. Pero más profundamente, no dejar nada en la confusión, o inacabado; tomar conciencia de la cantidad de energía que consume todo aquello que se ha iniciado y se ha dejado sin terminar. Eso incluye: pagar nuestras deudas morales (y financieras), mantener nuestra palabra, saber reconocer nuestros errores y repararlos, evitar toda mala fe, no esquivar nuestras responsabilidades, hacer con cuidado lo que hagamos, no darnos excusas. "No debe dejar inconclusa ninguna transacción con los demás. Lo que sea que deje a medias crea una división en usted, y usted lleva la carga de lo que no se cumplió[106]."

Poner orden significa naturalmente que cada cosa debe de estar en su lugar, pero también que cada cosa se debe de hace a su debido tiempo. *What you have to do, do it now* ("Lo que tenga que hacer, hágalo ahora").

---

106 *ABC de una sabiduría*, p. 21.

Hay que precisar que para el que es un maniaco del orden y la precisión, "poner orden en su vida" significa relajarse y encontrar una relación más flexible con su entorno, y no utilizar frases de este tipo para reforzar esta tendencia ya de por sí excesiva.

Fundamentalmente, poner orden en la vida nos lleva a aclarar nuestras intenciones, a poder responder la pregunta fundamental que planteaba Swami Prajñanpad a sus estudiantes: ¿What do you want?, "¿Qué quiere usted?". La *intención* está a la mitad del camino entre el deseo y el sueño. Es más profunda que el deseo y más realista que el sueño. Una intención puede realizarse; la intención implica tener conciencia del precio a pagar, de los recursos a utilizar. Si quiero participar en un maratón, sé que es necesario entrenar todos los días. Si quiero presentarme a un concurso para un proyecto y ganarlo, mido la cantidad de trabajo personal que eso va a representar. Nuestras intenciones pueden ser espirituales, como la de progresar en el camino; otras pueden ser más profanas: cambiar de profesión, convertirnos en padres, aprender inglés, dar la vuelta al mundo en un velero, practicar un deporte o un arte, fundar nuestra empresa, etc.

Nuestras intenciones pueden ser muy diversas, muy personales; poco importa. Sean cuales sean, es importante tomarnos el tiempo para clarificarlas, para conocer la medida de aquello que, en lo más profundo, es verdaderamente importante ante nuestros ojos. Si no nos tomamos el tiempo de sentir en qué dirección debemos orientarnos, usaremos el tiempo resolviendo urgencias y perderemos el contacto con nosotros mismos. Tenemos miedos más o menos conscientes que constituyen obstáculos para nosotros; estamos sometidos a todo tipo de influencias, siempre jaloneados entre esto o lo otro. Muchas fuerzas, miedos, negaciones, heridas, y condicionamientos pueden habernos separado de nuestra capacidad de contactar nuestras intenciones profundas.

Una vez que hayamos aclarado nuestras intenciones, la etapa siguiente es establecer las prioridades y procurarnos enseguida los medios necesarios para su realización. Esto nos lleva muy concretamente a tres temas importantes: el tiempo, el dinero, y la energía de los que disponemos en cantidades limitadas. El tiempo que consagramos a una actividad ya no está disponible para otra, y lo mismo pasa con el dinero y la energía. Ahora bien, nuestras limitaciones, nuestros condicionamientos, nuestras emociones, nuestros arrebatos, nuestras fascinaciones son unos glotones en materia de dinero, tiempo y energía. ¿Estamos siempre atrasados, siempre corriendo? ¿A dónde se va nuestro dinero? ¿En qué tipo de gastos? ¿Estamos siempre cansados? ¿Qué es lo que nos fatiga particularmente? ¿Qué nos queda para contactar y honrar lo que es verdaderamente fundamental para nosotros?

Esto nos lleva a hacernos otra pregunta crucial: ¿Si no es la intención la que dirige mi existencia, entonces qué es lo que la dirige? ¿El azar? ¿La oportunidad? ¿La influencia de los demás? ¿La mecanicidad, el hábito, los condicionamientos, el miedo, el mental, la baja autoestima, la comodidad, la facilidad, o inclusive lo que se vaya presentando? ¿Esquemas, modelos que vienen del exterior, ideas que me han sido inculcadas? Principios morales: ¿hay que hacer eso, o eso no se hace? Pierre Wack, un discípulo francés de Swami Prajñanpad, le preguntó si todos los seres humanos expresan su ser, su naturaleza profunda: "No, no todo el mundo, contestó él. Generalmente, no. Generalmente la gente es guiada por las circunstancias; es solamente presa e instrumento de las circunstancias. Cambia dependiendo de las circunstancias[107]."

El tema del orden es muy coherente con el tema anterior: deseducarse. Hasta podríamos decir que es el aspecto material. Es necesario desembarazarse, despejarse, para dar lugar a lo que verdaderamente queremos en lo más profundo. Si no nos deseducamos, no podremos poner orden, porque seguiremos actuando y funcionando según principios que no son verdaderamente nuestros. Al contrario, si no ponemos orden, no podremos deseducarnos, simplemente porque nuestra existencia estará muy congestionada, obligándonos a pasar de una urgencia a la otra. Volver a encontrar nuestro propio hilo conductor interno, despejado de todas las influencias que nos han alejado de nosotros mismos, también es una característica de un orden profundo y justo.

---

107 *L'éternel présent*, p. 263.

Así, decir que el camino de Swami Prajñanpad no nos exige renunciar a nada, no es del todo exacto puesto que exige de nosotros una renuncia muy precisa: es la renuncia, en todos los planos, a la aproximación y a la indefinición. Esto significa que ninguna parte de lo que nos constituye debe de ser negada, ni condenada, pero que, sin embargo, poco a poco cada uno de nuestros pensamientos, nuestras emociones, acciones, palabras, cada uno de nuestros deseos debe ser cuestionado bajo la mirada de la consciencia y la verdad. Todo debe de ser puesto en tela de juicio, claro está, con una gran benevolencia hacia nosotros mismos, pero al mismo tiempo con una precisión que no deja lugar al "casi". Entonces no se trata de renunciar a los bienes materiales, a la sexualidad o al poder, sino de renunciar a toda forma de evitación. Es una forma de sacrificio más difícil de lo que uno se imagina...

Los dos ingredientes esenciales de lo que Swami Prajñanpad llamaba *deliberate living* son la "deseducación" y la puesta en orden de la existencia. Una existencia que se vive de manera deliberada, deseada, reflexionada, examinada.

"Antes de comenzar un trabajo, decía él, y a lo largo de éste, vea cuál es su objetivo. Después de haberlo terminado, vea si logró su objetivo. Eso es una vida conscientemente vivida. Con su propia luz, el discípulo debe de trazar su propio camino a través de las dificultades de la vida. Haga lo mejor que pueda; ni más, ni menos, y sea feliz. Nunca trate de hacer más de lo que puede hacer con alegría y tranquilidad. Actuar, no es dejarse llevar... tampoco es evitar... Debe de examinar cada problema y decidir cuál es la acción que hay que llevar a cabo sin que ésta lo ponga en una situación de conflicto. La acción perfecta es la que lo va a llevar a la dicha del momento, en el lugar y las circunstancias en las que usted se encuentre. No se fíe de los juicios de valor, no se compare con los demás. Sea usted mismo[108]."

Una vida deliberada implica por lo tanto conocerse a sí mismo, ser fiel a uno mismo, hacer un examen minucioso de todos los aspectos de su existencia. Esta vida nos dará acceso a la felicidad

---
108 Srinivasan, *Entretiens*, pp. 83 y 84.

y a la paz interior si actuamos instante tras instante con "alegría y tranquilidad". Si no, tendremos la impresión más o menos lacerante de que nuestra existencia se nos escapa, de que no estamos exactamente en nuestro lugar.

ACTUAR PARA CRECER

Sentir, desear, deseducarse, poner orden en la vida... Todos estos temas son indisociables del tema central de la acción. El conjunto de esta enseñanza tiene la finalidad de hacer surgir en nosotros lo que en la India llaman "el gran actor" (*mahakarta*), de hacer de nosotros verdaderos seres humanos que llevan a cabo acciones dignas de ese nombre. Si hacemos las cosas a medias, arrastrados por las emociones o los deseos, obedeciendo a nuestros condicionamientos, ¿qué valor tendrán nuestras acciones? Si miramos de cerca, muchas acciones son condicionadas por el miedo, la avidez, la falta de confianza en uno mismo, la influencia de los demás o el miedo de su mirada, la costumbre, o la pereza. Pueden ser llevadas a cabo muy mecánicamente, sin vigilancia ni presencia. ¿Dónde está, pues, la dignidad del ser humano? La acción y la dignidad se nutren mutuamente. La dignidad se manifiesta en nuestras acciones. El objetivo es poder tener la experiencia de la relajación y la paz que nos proporciona una jornada en la que ninguna de nuestras acciones haya alterado el sentido de nuestra dignidad.

La acción es la prueba de la verdad; el conjunto de nuestras acciones revela quiénes somos y genera nuestro destino. Todos los caminos espirituales insisten en la aceptación, el acogimiento, el momento presente, la calma interior, y el soltar, lo que con frecuencia provoca descuidar el carácter crucial de la acción, que es el complemento indispensable. Si somos indecisos, resignados, blandos, ¿qué puede entonces significar *aceptar*? Sin la acción, lo que hemos aprendido e integrado no puede materializarse. A través de la acción realizamos nuestros deseos legítimos, ponemos orden en nuestra vida y luchamos contra la inercia de las costumbres. A través de la acción vamos a tener nuevas experiencias que nos harán crecer.

Podríamos decir que lo esencial está en el ser, y no en el hacer. Esta oposición entre ser y hacer no debe de hacernos olvidar que lo que hacemos emana de lo que somos. A veces, evitar la acción se justifica por la creencia de que, si cambiamos en la profundidad, entonces nuestro comportamiento va a evolucionar con naturalidad. Esto es cierto, pero incompleto. Primero, no es del todo exacto que tal cambio sea suficiente para modificar un comportamiento, porque nuestra manera habitual de funcionar se vuelve más pesada por la inercia de los hábitos o de los miedos más o menos profundos. Se necesita mucha determinación y perseverancia para modificar un hábito y sobreponerse al miedo; es una verdadera labor, y quisiéramos que una fulminante toma de conciencia nos evitara todo ese trabajo.

Por otro lado, si es cierto que la curación profunda de nuestro psiquismo puede traducirse en un cambio de comportamiento, lo contrario también es cierto: un cambio de comportamiento influye en la profundidad. La terapia no es el único medio para actuar sobre el inconsciente; toda acción positiva que contraríe nuestros hábitos y nuestros miedos en el presente envía un mensaje liberador al inconsciente.

La acción es necesaria para la destrucción de las creencias restrictivas que nos encierran en nuestro mundo: no hagas esto, no hagas lo otro, eso no es para ti. Esas creencias limitan nuestras acciones a un estrecho abanico de posibilidades, nos obligan a actuar siempre de la misma manera y nos vuelven totalmente previsibles. Pero gracias a acciones conscientes, podemos entrar en contacto con lo real tal cual es. "Sea audaz", decía Swami Prajñanpad. La acción liberadora rompe la mentira de nuestras creencias al aportar una desmentida concreta.

ACCIÓN Y REACCIÓN

De la misma manera en que Swami Prajñanpad distingue entre *pensar* y *ver*, *emoción* y *sentimiento*, *aceptación* y *rechazo*, distingue *acción* y *reacción*. Nos pasamos la vida "actuando", comportándonos y tomando posición de manera más o menos afortunada ante las situaciones de nuestra existencia. Ahora bien, así como debemos examinar nuestros pensamientos, nuestras emociones, nuestra educación, nuestros desórdenes, también debemos de examinar nuestras acciones. La pregunta que nos plantea el camino es: de todas las acciones que llevamos a cabo a lo largo del día, ¿cuáles son verdaderamente conscientes? ¿Cuáles son verdaderamente expresión de nuestro ser profundo, de nuestra libertad y de nuestra dignidad? ¿Cuáles fueron llevadas a cabo con vigilancia y lucidez, al servicio de una intención clara?

Si no, pasar de un deseo al otro, de una emoción a la otra, de una ilusión a la otra, de una esperanza a la otra, huir, reaccionar, resignarse, excitarse, desanimarse, alternar entre agarrar y rechazar, reproducir los mismos esquemas psicológicos, a todo esto, Swami Prajñanpad lo llama *reacción*. *Don't mistake reaction for action*, "No confunda la reacción con la acción", decía él. Si no puedo enfrentarme a la realidad tal y como es y llevar a cabo la acción adecuada que corresponde, ¿quién soy yo? ¿Cuáles son las fuerzas que operan? "Usted hace algo con conocimiento de causa, de manera completa, pero si usted tiene una emoción, aunque sea ligerísima, esta inducirá una reacción equivalente[109]."

El camino nos exige, por lo tanto, observar y cuestionar nuestra manera de funcionar. *Before any action, check the actor*, "Antes de tomar acción, cheque quien actúa", dice Swami Prajñanpad. Propone también que nos hagamos las siguientes preguntas: *¿What? ¿What for? ¿Why? ¿How?* "¿Qué? ¿Para qué? (¿con qué intención?) ¿Por qué? (¿cuáles son las causas?) ¿Cómo?". Se trata de tomarse unos segundos o unos días, según la acción que se va a llevar a cabo y sus implicaciones emocionales, para mirar en el interior de uno y tomar conciencia de todo lo que nos anima:

"Una experiencia verdadera es esta acción en la que el actor sabe lo que hace, por qué lo hace y lo obtiene. Al mismo tiempo, se pregunta constantemente si obtiene lo que busca. Actúa y ve al mismo tiempo lo que hace. En la verdadera experiencia, uno está totalmente presente a lo que hace[110]."

---

109 *ABC d'une sagesse*, p. 20.
110 *Ibid.*, p. 93.

En las cartas y las entrevistas grabadas que están a nuestra disposición, Swami Prajñanpad se posiciona como un verdadero *coach* con respecto a la acción. Podríamos escribir un tratado completo a partir de todos los consejos concretos que da: hacer una cosa a la vez, no hacer las cosas demasiado rápido, esperar el momento adecuado, evitar las torpezas, no ceder a la preocupación o al pánico, reintentarlo hasta que funcione… Las recomendaciones son numerosas. He aquí una pequeña muestra:

"No intente jamás hacer más de lo que puede hacer con dicha y tranquilidad. Si bien es cierto que es necesario planear antes de iniciar un trabajo, empiece a llevarlo a cabo de inmediato, pues ya ha hecho suficientes planes. Actúe, y cuando haya acabado, planifique más si es necesario. En el trabajo es donde uno encuentra la felicidad; no en la planificación. Actúe con lentitud y regularidad. No se apure. Apurarse es el resultado de una reacción. Desconfíe de la actividad excesiva. Si el cuerpo es débil, necesitará procurarse momentos de descanso… Las cosas pequeñas forman el carácter. De hecho, no son pequeñas. Las cosas pequeñas tienen una ventaja, uno puede hacer muchas en un tiempo determinado. Usted tendrá confianza en sí mismo y su carácter se formará[111]…"

Esta cita no nos da más que una pequeña muestra de los consejos que Swami Prajñanpad prodigaba a este respecto. No solamente daba numerosos consejos generales, sino que también todo tipo de consejos precisos sobre temas como la alimentación, la hora de irse a dormir, la educación, etc., a los que es hay que agregar todos los consejos específicos dados a tal estudiante, en tal momento, en tal situación.

No se limitaba a recomendar que se actuara con consciencia y método. Asociaba acción y dicha: la dicha viene de una acción llevada a cabo hasta el final, en la cual estamos totalmente unificados y hemos hecho todo lo que estaba en nuestro poder.

"*Ananda* (la dicha) es la toma de conciencia de la propia fuerza." "*Ananda* es el sentimiento que uno tiene después de haber

---
[111] Srinivasan, *Entretiens*, pp. 84-86.

sorteado las dificultades; es la experiencia de la victoria, de su energía creadora."

"Cuando vamos hasta el final de lo que tenemos que hacer, se experimenta una profunda satisfacción[112]."

Esto significa, para empezar, que todo lo que viene antes de la acción, no es fuente de gozo. *Joy is in action, not in planification.* "El gozo está en la acción, no en la planificación." Y luego, que el gozo no depende del resultado. Habitualmente, creemos que lograr el resultado es lo que nos dará satisfacción. Esto parece muy evidente. Si me entreno para ganar una competencia, a primera vista, si gano estaré satisfecho y si pierdo estaré decepcionado.

Ahora bien, el resultado de nuestras acciones no depende sólo de nosotros. Yo puedo entrenarme intensamente para una competencia, pero no por eso tengo asegurada la victoria. Puedo planear un día de campo, y entonces, aunque los servicios meteorológicos preveían un día soleado, comienza a llover. Si el gozo depende del resultado, entonces el gozo tampoco está garantizado y se vuelve muy aleatorio.

En esto, es interesante poner menos énfasis en el resultado y más énfasis en la calidad de la acción misma. El hecho de actuar es en sí mismo origen de gozo cuando hemos ido hasta el límite de nuestras posibilidades. Por el contrario, cuando no hacemos todo lo que está en nuestro poder para que una acción sea exitosa, y obtenemos un fracaso, es frecuente que orientemos nuestra agresividad contra nosotros mismos. Podemos entonces pasar mucho tiempo reprochándonos: "Si me hubiera 'entregado' a este proyecto con todas mis fuerzas, quizás hubiera funcionado…"

Otra precisión: ir hasta el límite de nuestras posibilidades no significa entercarse y caer en la prepotencia. En ciertas circunstancias, y específicamente cuando nuestro proyecto no es objetivamente viable, es necesario saber soltar y enfrentar el fracaso. La determinación con la cual actuamos no debe ser sustentada por la avidez, la cólera, el miedo o la dependencia, tantos estados

---

[112] Daniel Roumanoff, *op. cit.*, t. 2, p. 96.

interiores susceptibles de alimentar una obstinación crispada y con frecuencia ciega.

Sobre un fondo de relajación, podemos empezar a llevar a cabo acciones de un orden completamente diferente, basadas en la lucidez, la dignidad y la bondad. Con el tiempo, el gusto de este nuevo estado interior se vuelve tan nutritivo que el resultado pierde importancia. Nos volvemos buen jugador, sabemos muy bien que no podemos ganar todo el tiempo. La acción es fuente de gozo inclusive en caso de fracaso. En algunas situaciones muy dolorosas, será difícil sentir el gozo, pero por lo menos estaremos en paz con nosotros mismos.

Mientras esperamos llegar a la relajación total en este camino de la acción, tendremos que aceptar a actuar sobre un fondo de tensión. La etapa intermedia entre avidez y distensión es la consciencia de la avidez. No se trata de negarla, sino de actuar de modo que no sea ella la que mande. Aún con un deseo muy fuerte, aún con un miedo muy intenso, puedo volver a centrarme y preguntarme qué es lo justo, lo que corresponde a mis intenciones profundas, sin perder la visión de conjunto de la situación y de mi existencia, tener en cuenta a los demás y anticipar, tanto como sea posible, las consecuencias previsibles de mis actos.

"Un animal, un niño y un ignorante son esclavos de sus deseos. Los quieren satisfacer de inmediato, sin importar el momento, el lugar o las circunstancias… ¿Cómo se reconoce un hombre? Un hombre, antes de satisfacer sus deseos, toma en cuenta el momento, el lugar y las circunstancias pues él busca alcanzar una meta[113]."

ABRAZAR LA DUALIDAD
UNIFICACIÓN Y APRECIACIÓN CONSCIENTE
(*BHOGA*)

Todos los aspectos del camino —sentir, desear, deseducarse, aclarar sus intenciones, actuar— van en el mismo sentido: permitirnos vivir la experiencia humana completamente y sin reserva,

---
[113] *ABC d'une sagesse*, p. 25.

participar en la fiesta, tomar la realidad de frente, volviéndonos al mismo tiempo vastos y auténticos. Una vez que mi naturaleza profunda esté desacondicionada de todo lo que la recubre, puedo dejar que se exprese en un intercambio honesto con el mundo exterior. No hago trampa, no disimulo. Estoy ahí, sin negación, desnudo y transparente. No toco el agua con la punta del dedo del pie, me echo un clavado en el río; no me quedo en las gradas, me bajo a la cancha. "No se puede encontrar satisfacción o libertad quedándose a la distancia... No se puede aprender a nadar sin meterse al agua[114]." O inclusive: "No se aprende nada solamente leyendo los libros. Sólo se aprende recibiendo los golpes, cuando después de haber hecho los esfuerzos necesarios, se conoce el éxito o el fracaso[115]." Ahí donde la vida es exigente, ahí donde las relaciones con los demás nos confrontan, ahí en donde la acción implica tomar riesgos, ahí podré probar si la apertura de corazón y la relajación no son más que palabras o si corresponden a estados interiores reales.

En este recorrido iniciático, voy a descubrir dos enemigos interiores: la división y la anestesia.

La expresión de Swami Prajñanpad *ser uno con* significa aceptar, pero también *estar unificado*: estar completo, estar ahí en donde estoy al 100%. "Usted no sabe gozar, usted no sabe tomar, usted no sabe saborear, usted no sabe dar, usted está siempre retraído, nunca completo, nunca de lleno en lo que hace[116]."

La división interior es uno de los obstáculos principales en el camino. Es una gran causa de sufrimiento y desperdicio de energía. "No se divida. Cuando uno se divide, uno se mata y mata. Esta división, esta matanza, este asesinato de uno mismo es el origen del sufrimiento y del dolor, del odio, de la tristeza y de la repugnancia[117]."

Ya sea que hagamos algo o no lo hagamos; ya sea que estemos en una situación o que nos salgamos de ella. A veces tenemos

---

114 *Ibid*, p. 91.
115 *La vérité du bonheur*, p. 15.
116 Daniel Roumanoff, *op. cit.*, t. 1, p. 321.
117 *Les yeux ouverts*, p. 74.

la opción y a veces no la tenemos. Poco importa. Hagamos lo que hagamos, ya sea por elección o por obligación, ya sea que estemos descansando o en la acción, dándonos gusto o llevando a cabo nuestras obligaciones, o tomando un tiempo para nosotros o consagrándolo a otros, el objetivo es hacerlo sin dudar, sin culpabilidad, sin intenciones ocultas y sin reservas. Ya ni siquiera hay pregunta, no nos preguntamos si estamos unificados o no, lo estamos y la acción se impone.

A este respecto, es interesante hacer notar que a veces Swami Prajñanpad cuestionó la utilización de palabras como plenamente, completamente o enteramente. Para él, estos adverbios que se agregan a palabras como "unificado" (completamente unificado) o "presente" (plenamente presente) son pleonasmos. Uno se pone grandilocuente para mantener una cierta confusión y así reservarse una escapatoria. Para Swami Prajñanpad, si uno está unificado, forzosamente está *plenamente* unificado; y si uno no está plenamente unificado, no está unificado en absoluto.

"Ustedes siempre dicen 'completamente, plenamente'. Pero ¿qué significa completamente, plenamente? Cuando tenga algo que hacer, hágalo. La pregunta sobre hacerlo plenamente o completamente no se plantea. Una acción es una acción. Cuando se hace la pregunta de si llevarla a cabo completamente o incompletamente, con todo el corazón o no, ¿puede usted llamar a eso una acción? No, no es una acción[118]."

Se hace algo, o no se hace. Y si se hace, se hace plenamente. Una vez que este principio está integrado, ya no hay necesidad de precisar lo de plenamente. Agregar eso no aporta ninguna información pertinente. Esto implica llevar a cabo un trabajo sobre la división en sí, la cual es nuestro punto de partida. Es un trabajo de toma de conciencia: reconocer que rara vez estamos unificados, rara vez estamos presentes, siempre un poco aquí y un poco allá. Después, una investigación para comprender las causas de esta división: ¿la culpabilidad, el perfeccionismo, el miedo, la huida?

---

118 *L'expérience de l'unité*, p. 138.

Unificado, podré actuar y vivir experiencias nuevas, que yo busqué y deseé y que me corresponden. No se trata sólo de vivirlas; hay que ser capaces de saborearlas y alimentarse de ellas.

El otro enemigo es la anestesia. Por anestesia entiendo la incapacidad de saborear lo que está sucediendo aquí y disfrutarlo. Quizás no es el mejor término. Dudé entre insensibilidad, superficialidad y hasta aturdimiento.

Cuando estamos anestesiados, no sentimos nada, ni dolor ni placer: todo está desabrido. Yo buscaba un término que fuera lo contrario del término sánscrito *bhoga*, que quiere decir disfrute consciente, apreciación, capacidad de saborear. Y *bhoga* significa aquél que es capaz de *bhoga*, de apreciación consciente. "¿En dónde encontraría uno un *bhoga* en este vasto mundo? preguntaba Swamiji. Todos se contentan con un disfrute superficial y efímero."

Todo indica que Swami Prajñanpad conservó durante toda su existencia una receptividad extrema hacia la belleza de las cosas. En una carta de 1942, describió así la luz de la India: "El momento infinito de la India, la dulzura de la calma del sol del mediodía indio, el bálsamo de tranquilidad serena producido por la mezcla de claridad brillante y obscuridad en el crepúsculo que cae al final del día son los tesoros de la India siempre preciosos para el corazón[119]."

Esta capacidad de saborear no se aplica solamente a la belleza del mundo y a las cosas dulces de la vida, sino a la integralidad de la experiencia humana. Ese es uno de los puntos más importantes de la enseñanza de Swami Prajñanpad, quizás el más importante: ser capaz de saborearlo todo, todos los aspectos de la vida, tanto la dicha como el sufrimiento. Vivir la experiencia de la totalidad de la condición humana, de la dualidad, de los opuestos, placer y dolor, gozo y sufrimiento.

"¿Cómo liberarse de la dualidad? ¿Cómo? Agarre la dualidad y descúbrala. Descubrir la dualidad es volverse lúcido[120]."

"El cuerpo es un lugar de experiencias. Cada quien debe de tener experiencias: buenas o malas, salud y enfermedad, placer y dolor, etc. No puede sólo tener experiencias placer

---

119 *La vérité du bonheur*, p. 76.
120 Daniel Roumanoff, *op. cit.*, tome 1.p. 147.

y salud, tendrá que vivir también el sufrimiento, la enfermedad, etc.[121]."

"Mientras dure la vida, usted deberá tener la experiencia de la prosperidad tanto como la de la adversidad, del placer como del dolor. La adversidad y el dolor son experiencias como lo son la prosperidad y el placer. Dado que la experiencia que produce el placer es agradable al hombre, no quiere más que ésta. Como el dolor, el sufrimiento y la enfermedad le son desagradables, no las quiere[122]."

O inclusive: "La vida se compone de todas las experiencias: buenas o malas, difíciles y fáciles, simples y complejas. No deseamos más que lo agradable, no lo desagradable. Así, empobrecemos nuestras vidas. Vivir es tener la experiencia de la totalidad. Queremos la rosa, pero no la espina. Queremos la miel, pero no la picadura de la abeja. La madre quiere un hijo para acariciarlo y quererlo, pero no quiere los inconvenientes del embarazo ni los dolores del parto. Esta actitud se debe a la ignorancia. La ignorancia del simple hecho de que el placer no va sin el dolor[123]."

El camino no es una apología del masoquismo. No se trata de buscar activamente experiencias desagradables, sino sólo de no huirlas a toda costa. Cuando se presentan, las vivimos. ¿Y por qué? Justamente porque están ahí. Son parte de la vida y nos permiten descubrir la condición humana a la que pertenecemos. Si queremos ser libres, es necesario llegar hasta el final de la experiencia humana. *Can you miss the fullness of life?* "¿Puede usted perderse la plenitud de la vida?", le preguntó un día Swami Prajñanpad a Arnaud Desjardins.

"Si rechazamos la mitad de las experiencias de la vida, seremos más pobres. No solamente más pobres, sino que, al elegir vivir únicamente el placer, su riqueza se nos escapará. Sólo cuando conocemos el dolor, podemos apreciar el gozo verdadero que da el placer[124]."

---
121 *La vérité du bonheur.* p. 16.
122 *Ibid*, p. 56
123 Srinivasan, *Entretiens*, p. 32.
124 *Ibid*

El que huye a toda costa del dolor y de la incomodidad se condena al miedo, porque lo negativo terminará por llegar, y esta perspectiva basta para echar a perder su placer. En una carta de 1967, Swami Prajñanpad cita dos versos de un poema que describe a dos enamorados:

Ambos se tienen estrechamente abrazados
Pero piensan en la separación y lloran.

Y hace el comentario siguiente: "Cada uno de ellos, aun estando en los brazos del otro, no puede regocijarse y, en lugar de regocijarse, ¡llora! ¿No es una paradoja? ¿Por qué? Piensan en la separación. Saben perfectamente que su unión no va a durar: la separación es inevitable[125]."

La incapacidad de saborear la experiencia desagradable altera en gran medida la experiencia agradable, pues el miedo de perder está en segundo plano. La idea de que la felicidad no dura suficiente tiempo es una gran herida del corazón humano y se proyecta sobre nuestras experiencias dichosas. Para saborear plenamente las experiencias positivas, es necesario aprender a acoger las experiencias negativas también.

El programa, entonces, es muy simple: desear, actuar, saborear estando lo más consciente y unificado posible. Desear, actuar, saborear y volver a empezar hasta que la satisfacción sea completa. "El primer paso es ser *karta*, el que actúa. Es el primer paso para convertirse en hombre. Ser un *karta*, alguien que actúa, es algo tan raro. Y este *karta* sólo es el *bhokta*, el que aprecia conscientemente. También es necesario ser un *bhoga*. ¿Qué significa ser un *bhoga*? Aquel que logra *bhoga*, aquel que disfruta conscientemente y cumple sus deseos. ¿Qué verá? Ese es mi deseo, debo de satisfacerlo. ¿Ahora, de qué tipo de deseo se trata? ¿Un deseo viejo o un deseo nuevo? ¡Oh! Este deseo es un deseo viejo. Ya he hecho todo lo que estaba en mi poder para satisfacerlo. ¿Por qué aparece de nuevo? Esto significa que dejé algo sin terminar[126]."

---
125 *La vérité du bonheur*, p. 132.
126 *L'expérience de l'unité*, p. 134.

Una experiencia que no se vivió verdaderamente, en la que no estuve totalmente presente, deja un sabor muy fuerte de inconcluso: no aprendí gran cosa, no me volví más vasto, no me conozco verdaderamente mejor. Entonces, acumulamos experiencias teniendo la impresión de avanzar en círculos, de quedarnos en lo conocido. Aparece la necesidad de regresar ahí una y otra vez. Swami Prajñanpad decía que, si se ha vivido una experiencia a fondo, si uno ha sido verdaderamente capaz de nutrirse de ella, con una vez basta.

"Aprender a gozar, a estar satisfecho por el goce exige toda una educación; simplemente porque no se puede encontrar satisfacción o libertad al mantenerse a la distancia... No se puede aprender a nadar sin meterse al agua. Una sola experiencia disfrutada puede satisfacer, mientras que mil pueden no aportar nada[127]."

No es la cantidad lo que cuenta, sino la intensidad de la presencia. Algunas estrellas de la canción, con más de veinte años de carrera, parecen tener todavía necesidad de reconocimiento. Y, sin embargo, Dios sabe muy bien que lo han tenido. Es asombroso: ¿por qué algunas personas logran la satisfacción, mientras que otras, aunque hayan recibido cascadas de aplausos y reconocimientos, tienen todavía necesidad de reconocimiento? El ser humano, debido a sus carencias afectivas, a veces se parece a un pozo sin fondo que nunca se llena, sin importar la cantidad de agua que echemos ahí dentro.

Es necesario comprender que el pozo estará siempre sin fondo si nos rehusamos a saborear el aspecto negativo que toda experiencia contiene. Tener la experiencia consciente de la necesidad de reconocimiento es por lo tanto saborear intensamente hasta qué punto es nutritivo ser aplaudido y admirado, pero también hasta qué punto es doloroso ser despreciado. Rehusarnos a saborear hasta qué punto la crítica duele, es condenarnos a quedarnos siendo un pozo sin fondo, a mendigar halagos toda la vida y a ser muy frágiles ante la crítica.

---

127 *ABC d'une sagesse*, p. 91.

Otro obstáculo de tamaño considerable al gozo consciente es el miedo: miedo de perder, miedo de que eso no dure suficiente tiempo, miedo al fracaso, miedo a la mirada del otro, miedo de hacerlo mal. Para Swami Prajñanpad el miedo es la raíz de todas las emociones: "El enemigo más grande del hombre es el miedo que aparece bajo formas tan diversas como la vergüenza, los celos, la ira, la insolencia, la arrogancia... ¿Cuál es la causa del miedo? La falta de confianza en uno mismo[128]."

El miedo está ligado a la identificación con el ego mortal, la separación y la dualidad. "A partir del momento en que hay dos, el miedo aparece. Miedo a perder algo, miedo a la inseguridad, miedo al miedo y, a fin de cuentas, miedo a la muerte. Ese dos... dos... dos... esa dualidad es el origen de todos los males...[129]" Dejar de vivir en el miedo, dejar de tener miedo es una de las aspiraciones más profundas del ser humano, aunque no se atreva a formularla conscientemente por el espacio tan grande que ocupa el miedo.

Para sentir satisfacción total cuando tenemos una experiencia, es necesario que el miedo esté ausente. Solamente en ese momento la saboreamos plenamente y nos sentimos profundamente nutridos. "Una sola experiencia de disfrute puede satisfacer, mientras que mil pueden no aportar nada", dice Swami Prajñanpad. Una sola experiencia de disfrute, si es vivida sin miedo, vale más que mil vividas con miedo.

A veces es necesario hacer y volver a hacer la experiencia muchas veces para que el miedo desaparezca. Y esperando que desaparezca, es posible establecer amistad con él, acogerlo, darle su lugar, y actuar con él. Si cuando el miedo está presente lo aceptamos completamente, entonces altera mucho menos el sabor de la experiencia. Esta manera de vivir, unificados, en la apreciación consciente de las experiencias, con cada vez menos miedo, nos permitirá avanzar y pasar a otra cosa. La capacidad de vivir las experiencias conscientemente, de disfrutarlas profundamente, conduce al desapego. Cuando uno entra de lleno en una experiencia, el deseo que nos empujó a hacerla acaba por erosionarse, y las

---

[128] Swami Prajñanpad, *Un maître contemporain, tome 1*, edición de bolsillo, p. 280.
[129] *Ibid*, p. 281.

ganas de pasar a otra cosa, a un nivel más profundo, se presentan con naturalidad. Al cabo de cierto tiempo aspiramos más a la libertad y menos a tener experiencias nuevas.

Para volver a tomar el ejemplo anterior, quien tiene necesidad de reconocimiento deberá, durante un cierto tiempo, saborear lo bueno que es ser admirado y lo doloroso que es ser denigrado. Pero después de cierto tiempo, podrá sentir que ya le dio la vuelta al asunto. ¿Qué le va a dar un elogio más? ¿Qué le va a quitar una crítica más? Eso se impondrá de manera natural: la experiencia que yo quiero tener ahora es la libertad, la independencia. Me halagan, me da igual, me desprecian, también me da igual.

"La experiencia deliberada y consciente (*bhoga*) es necesaria, no solamente para lo que es agradable, sino también para lo que usted considera como desagradable. ¿Por qué? Porque lo agradable y lo desagradable son los polos opuestos de la misma realidad. Solamente cuando se trasciende a la vez el aspecto negativo y el aspecto positivo, uno es capaz de ver un hecho como un hecho[130]."

En este caso, de acuerdo con la forma de expresarse de Swami Prajñanpad, –ver un hecho como un hecho– significa estar en contacto directo y sobrio con la realidad. Me halagan, es un hecho; me critican, es un hecho. Y nada más. Ya no hay amplificación emocional.

La experiencia de disfrute consciente conduce a la satisfacción y la satisfacción conduce a la plenitud y a la libertad.

---

[130] *L'expérience de l'unité*, p. 149.

VER

Para ser hombre, alcanzar la iluminación, es necesario ver...
un sabio es un vidente... ¡Está tan condensado, tan bello!
¿Qué es lo que ve? Que toda manifestación,
cualquiera que sea, es una forma de felicidad[131].

Entrar de lleno en la existencia, actuar, sentir, –eso que yo llamo *vivir*–, no representa, podríamos decir, más que la mitad de la enseñanza. La otra mitad es *ver*. *Ver* es el complemento de *vivir*, si vivir significa vivir en la realidad y no en un mundo imaginario hecho de construcciones mentales y de ilusiones.

"Nadie vive en *el* mundo. Cada quien vive en *su* mundo", decía Swami Prajñanpad, frase cercana a esa de Heráclito: "Los hombres despiertos sólo tienen un mundo, mientras que los hombres dormidos tienen cada uno su mundo". Esta fórmula de Swami Prajñanpad es una de las más poderosas y exigentes de su enseñanza. Es la fórmula que puede cuestionarnos de manera radical, si la tomamos en plena medida. Salir de *su* mundo para vivir en *el* mundo implica eliminar de manera drástica toda esa armadura de protección que portamos. Es necesario estar preparados para cuestionar nuestras certezas y nuestras opiniones al igual que nuestros condicionamientos y estrategias. Al final, no quedará gran cosa de nosotros, o más bien, de aquello que creemos ser "nosotros". Solamente aquello que es auténtico en nosotros, inocente, espontáneo y vivo se salvará. El resto deberá ser sacrificado. El resto desaparecerá progresivamente.

Vivir en su mundo, es vivir en un lugar diferente al mundo real; es rechazar el contacto directo con la realidad porque ésta nos causa demasiado dolor o demasiado miedo o porque es demasiado cruda, demasiado *confrontante*. Es preferir una realidad puramente mental en la que se amontonan nuestros prejuicios, nuestra educación, nuestros condicionamientos diversos, nuestra arrogancia y nuestras heridas. Es el ego limitado que se proyecta por todos lados. Es un confinamiento. Mi mundo es un lugar cerrado, mien-

---
[131] Daniel Roumanoff, *op. cit.*, t. 3, p. 167.

tras que el mundo es un espacio abierto, sin muros ni techo. Vivir en su mundo es vivir en un territorio cerrado del que no se sale jamás. El mundo es la tierra vasta sin fronteras.

Vivir en su mundo es un poco como usar lentes de contacto coloreados: veo todo a través de esos lentes, pero no veo los lentes en sí.

Vivir en el mundo, es retirar esos lentes de contacto coloreados; es ver la realidad de frente y aceptar vivir plenamente todas las experiencias que se nos presentan, sin construcciones mentales, con amor.

EL MENTAL

En el medio de la espiritualidad, el "pensamiento" tiene por lo general mala prensa: estar perdido en sus pensamientos, tener la mente preocupada por el pasado o por el futuro en lugar de vivir en el instante presente; quedarse pasmado por la duda y el titubeo, ser hiper racional y tener el corazón cerrado, todo eso forma parte de las consecuencias de un mal equilibrio entre la cabeza, el corazón y el cuerpo. Todas las enseñanzas espirituales nos invitan a abandonar la cabeza para interesarnos en la sensación, en el gesto, en la respiración o en la emoción.

La enseñanza de Swami Prajñanpad nos propone hacer una distinción fundamental y siempre a profundizar entre *ver* y *pensar* o entre *inteligencia objetiva* y *mental*. Y si el mental es el adversario, el origen de todos los males, la inteligencia objetiva es una de las principales herramientas de salvación, si no es que la principal.

En el vocabulario de Swami Prajñanpad, la palabra mental ocupa un lugar central. Es necesario detenernos un poco en ella, pues este término reviste, tanto para él como para gran parte del medio de la espiritualidad, un sentido a veces diferente del sentido ordinario. Por ejemplo, en el medio de los deportes, este término tiene casi siempre una connotación positiva –tener un mental fuerte, ahí es una gran ventaja. Para Swami Prajñanpad, esta palabra no designa ni la fuerza de carácter, ni la capacidad de desarrollar una visión positiva del mundo basada en la confianza en sí mismo, sino el pensamiento vuelto loco: nuestra principal prisión. El mental es el disfuncionamiento del cerebro, es el pensamiento-herramienta funcionando mal.

Primero que nada, el mental es una máquina que deforma la realidad. Es la instancia con la que cada quien nombra, juzga, etiqueta, compara, selecciona, generaliza, en breve, falsea la realidad según sus propios criterios, según su propia definición de lo que es agradable o desagradable, bueno o malo, bonito o feo, etc. El mental nunca es imparcial. No se interesa en la realidad tal y como es y solamente busca ser reafirmado en sus creencias. No quiere conocer, sino tener razón. Es lo que nos hace vivir exclusivamente en *nuestro* mundo y no en *el* mundo. El mental no deja de denigrar y dividir la realidad. Está completamente condicionado por el rechazo y la prepotencia y difunde todo tipo de pensamientos complacientes. Compara lo que no puede ser comparado y saca aberrantes conclusiones generales a partir de hechos puntuales, con frecuencia deformados. Nunca se interesa en las cosas como son, sino en como deberían de ser para que le convenga y se tranquilice. No trata de comprender, sino que juzga e impone su voluntad.

"El mental es lo que nos aleja de la Realidad, del objeto. Cuando usted se entrega con abandono al mental, vive en el error y, por lo tanto, en el sufrimiento. Así, es necesario que aniquile al mental si quiere vivir en la realidad. Es decir, debe de orientarse por completo hacia el aquí y ahora. Ser libre del mental es vivir en la verdad. El mental no es más que una ilusión que lo aleja de usted mismo. En todo momento pregúntese: '¿Qué quiero aquí y ahora? ¿Quién soy yo en esta situación?'. El mental crea su propio mundo de irrealidad. El mental tiene tendencia a huir de la realidad[132]."

Ese "mundo de irrealidad" también es el peso de construcciones mentales y de interpretaciones respecto a nuestras experiencias. Como dice el poeta tibetano: "La naturaleza de Buda reside en el corazón de cada ser, con su rostro oculto por el velo efímero

---
[132] Srinivasan, *Entretiens avec Swami Prajñanpad*, pp. 38 -39.

de las construcciones mentales[133]". Estas operan como un filtro a través del cual pensamos nuestras experiencias en vez de vivirlas. Hasta lo que nos parece ser lo más sensual, lo más visceral, lo más instintivo, puede, de hecho, ser muy mental.

Tomemos el ejemplo de la sexualidad. Imaginemos una chica que hubiera crecido en los años sesenta en los Estados Unidos, en un medio racista y que hubiera escuchado desde que nació opiniones negativas respecto a las personas de raza negra. La repulsión respecto a ellas o la aversión resultante, no es instintiva, sino inculcada. No viene del cuerpo, sino de la cabeza. Imaginemos que después esta chica, por sus estudios, se encuentra en una facultad rodeada de amigos provenientes de medios muy diferentes al suyo y con ideas más abiertas. Imaginemos finalmente, que un día, cuando platica con una camarada, pasa frente a ellas un chico muy guapo con la piel negra. La amiga podrá exclamar: "¡Qué tipo tan atractivo!". Pero ella contestará de manera casi compulsiva algo como: "¡Ay, no! ¡Yo no podría!". Esta reflexión "yo no podría" no viene de su corazón, de su ser. Es el peso de una construcción mental que condiciona la experiencia.

Jean Paul Sartre, en su libro sobre la cuestión judía, reporta que: "Ciertos hombres quedan impotentes de repente, si la mujer con quien hacen el amor les revela que es judía[134]". Esta impotencia es una poderosa reaparición de la ideología sobre la experiencia. Al vivir la misma experiencia, un estudiante de Swami Prajñanpad que fuera igual de coherente que su maestro, concluiría al respecto: "Sí, sentí atracción por esa mujer cuando no sabía que era judía, eso implica que mi antisemitismo no es más que una construcción mental", y esta última desaparecería de inmediato.

El mental es también el rechazo de vivir aquí y ahora con la idea de que el pasto es más verde en el jardín del vecino. Estoy de vacaciones en la playa y me digo que preferiría estar en la montaña. Pero si estoy practicando esquí, me parece que hay demasiada gente en las pistas y que la nieve está muy dura. En la relación de pareja, uno considera que su pareja podría ser más atenta, más ordenada, más puntual, más responsable, más activa, más cálida y

---
133 Nyendrak Loungrik Nyema, citado por Matthieu Ricard, *Chemins spirituels,* Pocket, 2011
134 Jean Paul Sartre, *Réflexions sur la question juive,* Idées Gallimard, p. 11.

tener mejor escucha. El mental fabrica sin parar otra realidad que tiene el gran mérito de estar más conforme con nuestros deseos y el gran inconveniente de no existir.

La verdad es "una sin un segundo", decía Swami Prajñanpad. No existe más que una sola realidad: la que es. Pero el mental hace existir una segunda, una realidad paralela hecha de comentarios, de deseos y de juicios; la cual debería de ser, podría ser, sería más conforme a mis deseos o a la imagen que yo quiero tener de mí.

"La realidad es una, solamente una, y hay que aceptarla. No hay opción, porque la realidad es una. Pero el mental no quiere aceptar la existencia de una realidad indivisa y crea una segunda realidad en su imaginación. Entonces compara su creación con la realidad y batalla con ella. Y entonces aparece el sufrimiento. Hay conflicto entre lo que existe y lo que ha sido creado por el mental. Este conflicto engendra la desdicha. Algunas personas hacen voto de castidad. Pero después de algún tiempo empiezan a sentir necesidades. Pero como hicieron un voto, aparece el conflicto. La necesidad y las sensaciones son reales, el voto es irreal, simplemente porque fue creado por el mental. El conflicto entre *lo que es* y *lo que no es*, comienza. Trate de vivir con la realidad, más que suprimirla para volverla conforme a una idea preconcebida. Vivir con la realidad es aceptarla. Si deseamos ser felices, es necesario sentirse cómodo con lo que ha sucedido y con lo que sucede, es decir, con lo que es verdadero. En otras palabras, hay que aceptar todo[135]."

El mental fabrica una realidad ideal, pero irreal, y nos desvía de la experiencia real. Ahí es donde la enseñanza de Swami Prajñanpad denuncia el idealismo, en nombre del amor a la vida.

EL IDEALISMO Y EL AMOR A LA VIDA

Swami Prajñanpad fue muy idealista cuando era joven. El idealismo puede ser positivo si el ideal está definido como un

---
135 Srinivasan, *Entretiens*, p. 70.

proyecto audaz que nos pone en camino, nos brinda la dirección en la cual nos vamos a realizar y nos llena de júbilo. Lo que aquí nos interesa es el idealismo como fuerza negativa. En ese caso se trata de la búsqueda de una perfección que no es de este mundo y frente a la cual siempre fracasamos. Comparada con este ideal, la realidad siempre es insatisfactoria.

"Desconfíe del idealismo porque lo divide contra usted mismo. Su idealismo no es más que otra forma de rechazar. Debido a que rechaza todo lo que no es usted, usted no tolera el idealismo de los demás. Los hindús pelean contra los musulmanes porque piensan que su religión es superior. Si usted plantea un ideal y no lo puede alcanzar, usted estará triste y decepcionado. Mejor trate de florecer en el presente. Lo real es verdadero, el ideal es una mentira[136]."

Entonces, el idealismo es una necesidad muy egocéntrica de colmar nuestra incapacidad de vivir en el mundo real soñando con una perfección inaccesible. Un idealista querrá que el amor reine en el mundo porque no es capaz de enfrentar la realidad del egoísmo. Está obligado a negar su egoísmo y se siente constantemente herido por el de los demás. Ahora bien, la realidad es que la humanidad no está hecha sólo de santos y que es necesario llegar a amar a los seres humanos tal y como son. El idealismo nos empuja a ser duros e intransigentes con nosotros mismos y con los demás. El idealista desearía vivir en un mundo que es una completa creación mental, el mundo perfecto que corresponde a su ideal, lo que lo lleva, si no a detestar, por lo menos a estar muy decepcionado del mundo real, imperfecto. Podemos así militar por un mundo perfecto o buscar el hombre o la mujer ideal. Pero quienes han tenido la experiencia saben que es muy difícil vivir en pareja con una persona que espera tener la pareja ideal.

Del cuestionamiento del idealismo nació una de las fórmulas de Swami Prajñanpad más impactantes: "No lo que debería de ser, sino lo que es". De ahí viene también la exigencia de verse uno tal y como es, y de aprender a conocer e incluir las zonas obscuras pro-

---

136 *Ibid,* p. 71-72.

pias. Un buscador espiritual debe saber que, aunque esté atraído por el amor y la sabiduría, lleva en sí, como todo mundo, fuertes zonas de obscuridad más o menos reprimidas. El comprometerse con un camino espiritual no hace que desaparezcan mágicamente los celos, la ambición o la prepotencia. Todo camino auténtico consta de la exploración de esas zonas de obscuridad que, a veces, inclusive despertaremos voluntariamente para no encontrarnos en situaciones en las que se despierten por sí mismas y nos arrastren.

¿Cómo aceptarme tal como soy? ¿Cómo ser feliz en el mundo tal cual es? ¿Cómo amar a los seres humanos tal como son? El idealismo es rehusar enfrentarse a estas tres difíciles preguntas, es una forma de evitar todo lo que habría que cuestionar de uno mismo para encontrarles una respuesta profundamente satisfactoria. Para ser felices aquí y ahora tal y como somos, en el mundo tal y como es, en relación con los otros seres humanos tal y como son, es necesario soltar el ideal. Pero el ideal tiene raíces muy profundas en nosotros. Está pegado a nuestras heridas y a nuestros rechazos arcaicos.

Para soltar el ideal, necesitamos emprender un trabajo muy completo de curación de las heridas profundas que han generado este ideal. Necesitamos también aprender a satisfacer nuestros deseos en el mundo real, saber expresar lo que tenemos que expresar. El ser, es lo que somos realmente, en nuestra riqueza y complejidad. La expresión de lo que soy, el llevar a cabo lo que llevo en mí por hacer me va a dar satisfacciones reales. Abandonar el ideal permite saborear los gozos simples de la existencia, vivir conscientemente todas nuestras experiencias. En lugar de denigrar permanentemente la experiencia real que estoy viviendo en este momento, al compararla con una experiencia ideal que no existe, voy a poder empezar a sentir y a vivir lo que sucede, tal y como sucede, aquí en donde estoy.

EL MENTAL ES
EL ODIO A UNO MISMO Y LA MUERTE

El mental no es solamente lo que falsea la realidad. No es solamente el peso de las construcciones mentales sobre la experiencia, ni la tendencia a comparar lo real con lo ideal; también es lo que alimenta un cierto número de fuerzas mortíferas, como el odio a uno mismo, la desvalorización o la negatividad.

Gran parte del camino espiritual consiste en tomar conciencia de las fuerzas mortíferas y superarlas, en salir del rechazo de nosotros mismos, de toda forma de maldad contra nosotros mismos, de toda división entre lo que somos y lo que deberíamos ser.

"Primero, acéptese a usted mismo. Cuando usted no se acepta y se imagina ser alguien differente, surge un conflicto entre lo que usted cree ser y lo que verdaderamente es.[137]."

"En el fondo, de esto es de lo que se trata: aceptarse a uno mismo.

¿Por qué no podemos aceptarnos? Porque un juicio de valor superpuesto a la realidad obstruye la vista. Hacemos una comparación. La comparación es falsa. 'Yo soy lo que soy. Yo soy un demonio, muy bien, soy un demonio.' Debo comenzar a partir del lugar en el que estoy. ¿En dónde estoy? Justo ahí, donde estoy[138]."

Es muy raro que un ser humano se acepte verdaderamente tal y como es. El rechazo de sí mismo proviene del deseo de dar una buena imagen de sí, de la idea de que es necesario corresponder a un modelo. El mental está basado en una creencia raíz que dice básicamente: "Tal y como soy, no está bien; para ser querido, necesito ser diferente de como soy". Este dogma es el sustrato de los pensamientos mortíferos y de las creencias negativas que se forjaron durante la infancia y que nos intoxican, nos separan de nosotros mismos y nos condenan a vivir en la pequeñez.

Intenté hacer la lista de esas fuerzas mortíferas cuya presencia constato regularmente en las personas que mi actividad me ha llevado a acompañar:

– La desvalorización, las creencias del tipo "no sirvo para nada", "no soy digno de amor", "no estoy a la altura", "no soy capaz", "no soy interesante".

– Los miedos asociados a la relación: miedo a ser juzgado,

---

[137] Daniel Roumanoff, *Swami Prajñanpad, un maestro contemporáneo*, t 2, p. 41é
[138] *L'expérience de l'unité* p. 439.

miedo de la mirada del otro, miedo de molestar, miedo de amar y de sufrir.

— El perfeccionismo: miedo de hacer algo mal, miedo de fallar.

— La negatividad, las creencias del tipo: "los seres humanos son malos", "el mundo está podrido", "nunca lo vamos a lograr", "no tengo derecho a ser feliz".

— La neurosis sacrificial.

— El orgullo y la arrogancia.

— La vergüenza, el remordimiento, la culpabilidad.

— La resignación y el derrotismo, todo pensamiento del tipo "de antemano no se puede".

Existen otros, sin duda. Sea lo que sea, estas fuerzas mortíferas no fluyen en el sentido de la vida, la relajación y la dicha. Estas fuerzas mortíferas, que de hecho son pensamientos antes de ser comportamientos, conllevan permanentemente un clima de derrotismo, de desánimo y de decepción. Generan un enorme rechazo de uno mismo y empujan a tratar desesperadamente de que seamos diferentes de lo que somos.

Ahora bien, como lo dice Swami Prajñanpad: "No podemos ser otra persona, solamente podemos ser nosotros mismos. Todas las dificultades y todos los sufrimientos en la vida vienen porque nos esforzamos por ser alguien más[139]". Cuando nos esforzamos por ser alguien más, nos condenamos a vivir en el miedo: el miedo a quedar expuestos, miedo a que nos desenmascaren, miedo a que nos dejen de querer. Es agotador. "La gente quiere ser lo que no es. Es un esfuerzo totalmente inútil y vano[140]."

Hay una fórmula que viene de la tradición budista que ilustra muy bien esta realidad: "Si tu mental vive, tú mueres; si tu mental muere, tú vives". Tomemos el ejemplo de la creencia "No sirvo para nada". No tiene ningún valor de verdad: es cierto que cada quien tiene cualidades y defectos, es cierto que no todo mundo está destinado a convertirse en una síntesis de Einstein y Apolo, o de Marie Curie y Marilyn Monroe, pero no hay quien no sirva

---

[139] Daniel Roumanoff, *op. cit.*, t.2, p. 41.
[140] *La vérité du bonheur*, p. 26.

para nada. Mientras esta creencia viva en nosotros, morimos a fuego lento, pues se va a materializar en nuestra vida concreta, y nuestra existencia será la prueba de que no servimos para nada. En cambio, si esta creencia muere, habrá nuevas posibilidades de vida que se manifestarán.

En esto, vivir y ver se refuerzan. Ver, es ver la falsedad de las creencias mortíferas.

Mientras esas fuerzas mortíferas no sean conscientes, parasitan el trabajo de conocimiento de uno mismo. En el camino, es crucial practicar la observación de uno mismo, intentar verse tal cual se es, con una honestidad implacable.

Pero honestidad implacable no significa juicio o negatividad. Pensar de uno mismo que es un pobre tipo y sentirse culpable por ello, estar decepcionado de uno mismo por no llegar a ser perfecto, todo esto no tiene nada que ver con el conocimiento de uno mismo, todo esto no es más que juicio.

Tomar conciencia de las fuerzas mortíferas que nos habitan libera una forma de benevolencia hacia uno mismo, simple y profunda. Entonces puede uno comenzar a observar todas sus disfunciones y todos sus condicionamientos sin juicio ni vergüenza.

USTED NUNCA VIÓ A MA ANANDA MAYÍ, USTED SOLAMANTE VIÓ A SU MA ANANDA MAYÍ

Durante la primera entrevista de Arnaud Desjardins con Swami Prajñanpad, este último pronunció esta frase sorprendente: "Usted nunca vio a Ma Ananda Mayi, usted solamente vio a *su* Ma Ananda Mayi."

Podríamos reemplazar el nombre de Ma Ananda Mayi por el de cualquiera de nuestros conocidos, cercano o lejano. Nunca he visto a Julieta o a Francisco, solamente he visto a *mi* Julieta o a *mi* Francisco, es decir Julieta o Francisco a través de numerosos filtros cargados con mis proyecciones y mis expectativas egocéntricas. Si tengo necesidad de seguridad, a toda persona que yo conozca la voy a analizar inconscientemente en función de esta necesidad.

Esto plantea la compleja pregunta de la relación entre ego y mental. A veces Swami Prajñanpad aproxima mental y ego porque tienen intereses similares. El ego es la instancia que trae todo a sí mismo, como si fuera el centro del mundo. El mental es aquello que deforma la realidad. Los dos están ligados porque si centro todo en mí, forzosamente ya no veo las cosas tal y como realmente son. Mental y ego tienen en común el hecho de que se complacen con la ilusión, la realidad tal y como quisiéramos que fuera y no tal y como es. El mental es entonces instrumento del imperialismo del ego. Swami Prajñanpad hablaba del "sello del yo estampado sobre el no-yo".

El imperialismo del ego es la tendencia a ver al otro como la prolongación de uno. Estoy aquí con mis emociones, mis necesidades, mis opiniones, mi ritmo y el otro debe de alinearse. Si tengo necesidad de seguridad, debe tranquilizarme; si tengo ganas de ir al cine, él también debe de tener ganas de ir. Un ejemplo frecuente es el de un padre que quiere imponer una carrera profesional a su hijo. El hijo debe de tener éxito justo donde el padre fracasó, o bien debe de tomar las riendas de la empresa familiar de plomería o hasta llegar a ser jugador de futbol porque ese deporte es la pasión de su padre. Imperialismo del ego…

Fundamentalmente —y esta es una de sus aportaciones más preciadas— Swami Prajñanpad disocia mental y ego: el mental es el verdadero enemigo de la vida, y como tal debe de ser destruido. Por otro lado, como el ego está compuesto por todas las heridas, por todos los deseos no satisfechos, debe de ser tratado con benevolencia, consolado, nutrido, satisfecho y llevado a florecer. El mental es visto entonces como lo que nos impide honrar las necesidades del ego porque se alimenta del odio a uno mismo. El mental es lo que repliega al ego sobre sí mismo; cuando el mental disminuye, el ego se abre al movimiento expansivo de la vida, se enfrenta a la realidad tal y como es, sale de su mundo y ve las cosas más objetivamente.

Imaginemos a un muchacho que haya sido abandonado por su madre. Este abandono, seguramente, creará una profunda herida y una gran necesidad de amor. Hasta aquí, en lo que respecta al ego. Ahora, ese mismo abandono va a producir en este muchacho, cuando se vuelva adulto, una creencia: "Toda mujer que yo llegue a amar, acabará abandonándome". Y esta creencia va a interferir, a contaminar y probablemente hará fracasar cada encuentro amoroso. Este hombre no verá a Julieta, verá a *su* Julieta; una Julieta redefinida a partir de su herida de abandono, una Julieta de la que él está convencido que fatalmente lo abandonará.

Así es que la creencia "toda mujer que yo ame terminará abandonándome", debe de ser vista y desactivada, "destruida", según el vocabulario de Swami Prajñanpad, para que el amor que cura la herida pueda ser vivido. Mientras más este hombre se libere de esa creencia, más podrá el ego crecer, sanar y desarrollarse plenamente, al tener la experiencia real de la vida amorosa y de la relación. Al sanar, cada vez verá menos a *su* Julieta y cada vez más a Julieta tal y como es.

VER Y PENSAR

Swami Prajñanpad distingue dos nociones: *ver* y *pensar*. Le da a cada uno de estos términos un sentido preciso que no es exactamente el que se les da habitualmente. Todos sabemos que el pensamiento puede ser la expresión de la inteligencia. Y que, al servicio de la discriminación, de la comprensión y de la búsqueda de la verdad, puede ser muy valioso. Pero el pensamiento también puede ser disfuncional: entonces produce mentira, ilusión, ideología, mala fe y hasta delirio. Por lo tanto, Swami Prajñanpad distingue entre *ver* y *pensar*. Asigna el verbo *ver* al pensamiento inteligente y el verbo *pensar* al pensamiento disfuncional.

Pensar es deformar la realidad, es justificar los miedos y deseos; es tratar de convencer, quedarse en la superficie. También es generalizar, etiquetar, comparar, juzgar, exagerar. *Pensar* es una tensión.

Ver es relajación. *Ver* emana de la inteligencia objetiva, mientras que el pensamiento es una producción del mental. *Ver* incluye, por un lado, a la intuición que es captar la realidad de forma inmediata y global y, por otro lado, la reflexión lógica que trata de comprender y relacionar las causas correctas con los efectos correctos. "Ver, decía Swami Prajñanpad, implica utilizar todos los recursos del intelecto: examinar los hechos, reflexionar, deliberar, distinguir, discriminar, determinar las leyes, etc[141]."

Para Swami Prajñanpad el trabajo científico occidental es un buen ejemplo de lo que es ver, por oposición al prejuicio, la creencia, y la ideología. Pero se refiere también a la tradición de la India, la de los *rishis* (aquéllos que han visto), a la del yoga del conocimiento. "La grandeza de la India, dijo, es haberle dado valor al hecho de ver y no a creer, imaginar, especular, sino a ver directamente lo que es[142]."

"Cuando usted piensa, usted es parcial, está influenciado por el ego. Cuando usted ve (lo que es), usted es independiente de su ego. Ver da una percepción científica, es decir, verdadera, de las cosas y los eventos... Cuando usted piensa, el pensamiento lo encadena al pasado. Paraliza su acción. Esa es la diferencia entre ver y pensar[143]."

La práctica respecto a los pensamientos es exigente, puesto que el adversario posee un poder de seducción muy fuerte. Lo falso toma apariencias de verdadero y podemos convencernos a nosotros mismos, así como a los demás. Swami Prajñanpad decía: "Usted piensa que ve, y no ve que piensa". Y también: "Hay una diferencia entre ver y creer que uno ve. Rara vez vemos y creemos que vemos[144]".

Recomendaba que se apoyara uno sobre el "terreno sólido de los hechos" (*the solid ground of facts*). Animaba a sus discípulos a hacerse la pregunta: "¿Qué dice el mental? ¿Qué dice la verdad?" Esta fórmula genérica se conjuga de diferentes maneras. ¿Qué es cierto? ¿Qué es un hecho y qué es una hipótesis? Proponía distinguir lo que es imposible, lo que es posible pero improbable, lo que es probable y lo que es seguro.

Así es como poco a poco podemos combatir el velo de la ilusión, que es tan tenaz.

---

141 Daniel Roumanoff, *op. cit.*, t. 1, p.418.
142 *Ibid*, p. 421.
143 *Ibid*, p. 421.
144 *Ibid*, p. 423.

"La verdad es lo que existe. La verdad es lo que es. La verdad es muy simple, pero difícil de percibir porque está recubierta con el manto de la ilusión. Tomamos al manto por la verdad. Es necesario hacer que nuestro intelecto sea sutil y penetrante para pasar a través de la ilusión y alcanzar la verdad en su origen. Por ejemplo, tomemos este reloj. Es un reloj de oro. El oro brilla. Deslumbra nuestros ojos y confundimos el oro con el reloj. ¿Qué es un reloj? Un mecanismo que da la hora exacta. Toda una serie de engranes y resortes, todo hecho de acero. No hay oro en el mecanismo, es de acero. Pero la caja es de oro. Nos engaña el brillo de la cubierta y decimos "un reloj de oro". Pagamos un precio fantástico por el oro. Estamos completamente bajo la influencia de la apariencia externa, de los destellos del oro. Aquí, reaccionamos como tontos. Como tenemos esta característica, la verdad, aunque sea muy sencilla, es difícil de percibir[145]."

EL BUSCADOR:
UN INFATIGABLE DETECTOR DE MENTIRAS

A través de la historia, han sido numerosos los que pensaban "detentar la verdad", como dice la expresión popular. Los marxistas consideraron a su ideología como "científica". El cristianismo ha pretendido encarnar la verdad, la única verdad, ser la única religión verdadera y ha ocasionado numerosas guerras y persecuciones. Cuando creemos detentar la verdad, ésta se convierte en un arma para negar al otro e imponerle nuestro punto de vista. Desde el punto de vista espiritual, es una trampa que hay que evitar a toda costa.

La forma como Swami Prajñanpad ve la verdad evita todo escollo de este tipo. La verdad no es un arma, es más bien lo que ocurre de inesperado cuando uno se desarma. La verdad, según él, no es algo de lo que podamos obtener poder. Al contrario, se trata de una pérdida de poder; una capitulación de la prepotencia del

---
145 Srinivasan, *Entretiens avec Swami Prajñanpad*, p. 28.

ego que desearía tanto que la realidad correspondiera a sus deseos. La verdad, es sólo lo que es: la realidad tal y como es, aquí, bajo nuestros ojos, nos convenga o no.

"La verdad está aquí. Sólo el hábito le impide verla. Usted trata de ver las cosas de una manera diferente de cómo son. ¿Qué es ver? No lo que yo desearía, ni lo que se necesitaría, sino lo que es[146]."

Respecto a este tema central, la originalidad de Swami Prajñanpad reside en el hecho de que desplaza el centro de atención de la verdad hacia la mentira. La expresión "buscador de la verdad" era muy común en la India, pero él la calificaba de "sin sentido". Para él, lo que había que buscar no era la verdad, sino la "no-verdad". "Sea un buscador de no-verdad", aconsejaba (*seeker of untruth*) ...

Para ser un buscador de no-verdad, es necesario liberarse del deseo de tener razón, así como de la sed de poder que podría dar la "posesión de la verdad". El camino espiritual es íntimo y personal, existe para darle sentido a nuestra existencia, no para corregir la de los otros, para desenmascarar nuestras propias mentiras, no las de nuestro vecino, para cuestionarnos y no para convencer.

"Quien no se ve a sí mismo, no deja de hablar de los demás. Se pasa el tiempo encontrando y despreciando faltas y debilidades en los demás que de hecho están camufladas y reprimidas en él. Trate de observarse continuamente. Es muy fácil desembarazarse de sus errores e insuficiencias, si, en cuanto los descubre, los enfrenta y no los reprime. Sólo puede limpiar una habitación si ve con claridad la suciedad que ahí se encuentra[147]."

Entonces, la verdad es lo que queda cuando todas las mentiras han sido desenmascaradas. Cuando nuestras creencias ceden y nos hacen disponibles a la novedad y a la frescura del instante presente.

Así, el camino para *ver* es una sucesión de cuestionamientos y tomas de conciencia: ahí, me equivoqué; ahí, volví a caer en la

---
[146] Daniel Roumanoff, *op. cit.*, t. 1 p. 422.
[147] *Ibid*, p. 416.

trampa; ahí, de nuevo me dejé llevar por las apariencias; ahí, otra vez generalicé; ahí, otra vez hice una afirmación con mucha certeza, cuando en realidad no estoy seguro... Y en cada ocasión, nos podemos preguntar ¿por qué? ¿Por precipitación, por desprecio, por arrogancia, por necesidad de convencer, para seducir, para obtener quién sabe qué ganancia?

Para descubrir la verdad, es necesario desenmascarar la mentira. Para ver, es necesario pensar cada vez menos. El ver no se "fabrica" o "conquista". Por lo tanto, no progresamos en el arte de ver, sino en el arte de pensar cada vez menos.

"Progresamos por el hecho de no pensar. Entonces, *ver* puede llegar. Mientras más se libere usted de *pensar*, más se llenará usted de ver. No es más que un juego de fuerzas. *Pensar* tiene pues una fuerza que viene del pasado. Es un hábito, ahí está. Así es que comenzamos por *pensar*; *ver* no está presente en absoluto. Luego, cuando *pensar* disminuye un poco, entonces *ver* aparece. Por lo tanto, no tiene que hacer nada para *ver*. Si un hombre trae guantes, ¿puede usted decir: 'Voy a hacer todo lo posible para tocarle la mano'? Quítele primero los guantes. Si no, no es posible[148]."

Desenmascarar lo falso en nosotros está muy lejos de ser cómodo y puede provocar muchos movimientos interiores, pero no existe otra salida. Como lo dice Musset:

Cuando conocí la Verdad,
Creí que era una amiga;
Cuando la comprendí y la sentí,
Ya me sentí asqueado de ella.
Sin embargo, ella es eterna,
Y los que prescindieron de ella,
En este mundo todo ignoraron[149].

---

148 *L'éternel présent*, pp. 179-180.
149 Alfred de Musset, *Tristesse*.

EL PENSAMIENTO INDUCIDO POR LA EMOCIÓN SIEMPRE ES MENTIROSO

Desenmascarar lo falso en nuestra existencia concreta no siempre es fácil. Aún si somos honestos y con toda sinceridad deseamos ver, los mecanismos de la ceguera son tan poderosos que nos hacemos ilusiones, como lo dicen claramente dos fórmulas de Swami Prajñanpad: "El mental es lo suficientemente retorcido para engañarlo, o más bien, para engañarse a sí mismo" y "Usted piensa que ve, y no ve que piensa". Lo falso puede tomar apariencia de verdadero y mostrarse muy convincente. Mientras más nos interesemos en esta distinción entre verdadero y falso, mejor estaremos armados para desenmascarar lo falso. Paralelamente, el mental se agudiza y nos ofrece nuevos argumentos para convencernos (incluyendo algunos extraídos de la espiritualidad). "El mental, cuando alguno de sus artificios ha sido descubierto, lo reemplaza por otro todavía más sutil[150]." Para ayudarnos a distinguir entre ver y pensar, Swami Prajñanpad nos propone un punto de apoyo muy simple: la emoción. Cuando vemos, no hay emoción; si hay emoción, es que estamos pensando.

"Ninguna emoción aparece en quien permanece en la verdad; cuando vemos *lo que es*, no aparece emoción alguna; la emoción aparece solamente cuando no vemos *lo que es* tal y como es, sino como si fuera otra cosa[151]."

Si hay emoción o turbación, entonces hay pensamiento; entonces, ya no *veo*; *pienso*, entonces ya no estoy en contacto lúcido con la realidad, sino que la deformo en mayor o menor medida.

"Una emoción es la señal de que usted no ve. Para saber si vio efectivamente o si no ha hecho más que pensar a través de su mental, solamente hay un criterio: ¿está sintiendo alguna emoción? Si es así, eso quiere decir que el mental se echó a andar. Cuando vemos, no hay emoción. Verifique siempre: ¿se siente usted con el corazón ligero o no[152]?"

---
150 Srinivasan, *Entretiens*, p. 48.
151 *La vérité du bonheur*.
152 Daniel Roumanoff, *op. cit.*, tome 1, p. 425.

Este aspecto de la enseñanza no es el más evidente a primera vista. Es bastante fácil sentir si uno tiene el corazón ligero o no. La dificultad aparece cuando se trata de detectar, de *ver*, cuáles son los pensamientos que alimentan estas emociones.

Imaginemos que en su trabajo un hombre haya sido herido por un comentario desagradable de un colega. De regreso en su casa, le va a contar a su esposa una descripción muy obscura de ese colega, y durante unas horas permanecerá sordo a toda tentativa que ella haga para hacerle razonar. En el instante, él creerá que es mucho más objetivo de lo que en realidad es, y sólo será hasta bastante después, cuando la emoción haya desaparecido, que él podrá aceptar el hecho de que ennegreció exageradamente la imagen de su colega.

En otros casos, la manera como la emoción deforma la realidad es menos perceptible, aunque observemos de más cerca. Imaginemos una persona que haya fallado en un concurso después de haber trabajado mucho. ¿De qué manera la emoción de decepción, de tristeza, resultante de esta situación proviene de una deformación de la realidad? ¿De qué manera podemos decir que esta persona *piensa* y no *ve*? Si le preguntamos de dónde viene su decepción, va a contestar: del fracaso en el concurso. Y eso es la realidad. No se trata de un caso como el de Otelo que piensa que es engañado, cuando no lo es.

Otro ejemplo: Un hombre es abandonado por su pareja, sabe que la separación es definitiva y está desesperado. ¿De qué manera deforma la realidad? Parece ser que la deformaría más, por ejemplo, si cree que hay esperanza. Esta ilusión reconfortante calmaría su desesperación. Presentado de esta manera, esto parece contradecir lo que Swami Prajñanpad dice, puesto que *pensar* que ella pudiera volver disminuye la emoción, mientras que *ver* que la ruptura es definitiva lo mata de tristeza.

Es necesario observar estas situaciones con lupa. En estos dos ejemplos, el concurso perdido y la ruptura amorosa, los pensamientos que deforman la realidad provienen sin duda de una dramatización. A estos dos eventos difíciles, se agregan sutilmente interpretaciones como: mi vida está jodida, no soy capaz, echo a perder todo lo que empiezo, en realidad no soy digno de amor... Ahí es donde dejamos de *ver* y comenzamos a *pensar*.

Este aspecto de la enseñanza –cuando hay una emoción, dejamos de *ver*, *pensamos*–, parece ser muy técnica y no siempre fácil de poner en práctica. Sin embargo, este es el aspecto más importante. Esto debe de convertirse en un reflejo: me volteo hacia el interior y, con un poquito de vigilancia y de honestidad, puedo ver si estoy tranquilo o inquieto. Si la emoción es fuerte, me salta a los ojos. Si es más bien tenue, tendré que observar más finamente. ¿He digerido el incidente o lo tengo todavía atorado en la garganta? ¿Vuelvo a pensar en él un poco, mucho o en absoluto?

La primera etapa consiste pues en constatar la presencia de la emoción, de una molestia, de una turbación ("¿Siente usted el corazón ligero o no?"). Y la segunda, consiste en acordarse de que, si hay emoción, ya no estoy viendo, pienso. Entonces podemos pasar a la tercera etapa: buscar, solo o con ayuda, en dónde nos estamos equivocando, en dónde deformamos la realidad.

Esta práctica es muy simple y al mismo tiempo muy difícil de poner en acción, porque el rechazo y la emoción se caracterizan en gran medida por la certeza de tener razón y el deseo de convencer. Admitir que *pensamos*, renunciar a justificarnos para preguntarnos en dónde es defectuosa nuestra visión, es ir en contra de un condicionamiento muy poderoso.

Esta práctica sobre los pensamientos es indisociable de una práctica complementaria sobre la emoción, que consiste, lo repito, en sentir sin protegerse, en descender a la profundidad y dejar que la emoción se exprese.

Ya que las emociones y los pensamientos están completamente ligados las unas con los otros, las prácticas sobre los pensamientos y las sensaciones se refuerzan mutuamente. Sentir, ayuda a *pensar* menos. *Ver* ayuda a volverse más vulnerable.

Esto transformará nuestras acciones, así como la manera en la que podremos satisfacer nuestros deseos y poner orden en nuestras existencias. Toda nuestra existencia será irrigada por esta manera de funcionar más lúcida de nuestro cerebro y más sensible de nuestro corazón.

CONOCER LIBERA, Y CONOCER ES VIVIR Y VER

Esta doble actitud, vivir y ver, está siempre presente en el enfoque de Swami Prajñanpad. Vivir, saborear, aventarse, desear, actuar, hacer algo nuevo, abrazar todos los aspectos de la realidad. Y ver, desenmascarar al mental, buscar la no-verdad, utilizar el discernimiento.

Estos dos aspectos se hacen uno en el camino de la libertad. Traducen una sola y única aspiración: conocer. Swami Prajñanpad citaba con frecuencia esta frase del Yoga Vashishta: "Actúa, disfruta, conoce".

Este conocimiento no es teórico, no tiene nada que ver con la erudición del intelectual o con la cultura en general. Lo que da el conocimiento es la experiencia vivida conscientemente en la cual todo el ser está implicado: cabeza, corazón, cuerpo, inteligencia, afectos y sensaciones. Conocer implica un contacto directo con lo real, sin filtro y sin protección. Conocer es una experiencia total del ser:

"Vea, oiga, sienta, toque, deguste con todos sus sentidos, aquí y ahora, aún en el plano físico. Ver no depende solamente de su intelecto. Debe observar y ver con la totalidad de lo que es, su intelecto, su corazón, y actuar en consecuencia[153]."

Conocer implica tener un contacto directo y vivo con la realidad, toda la realidad, tanto la que nos atrae como la que quisiéramos evitar:

"Mientras trate de huir de una cosa, no la conoce. Usted no conoce todas las cosas que ha evitado. Igualmente, no conoce todas las cosas que lo atraen. Pero toda experiencia es parte de la 'Vida', y cuando huye de la tristeza, huye de la Vida[154]."

"Para conocer una cosa tal y como es, es necesario estar en contacto directo con ella[155]." Y esta otra: "El conocimiento, el Conocimiento perfecto, solamente puede llegar después de que hemos actuado y hemos gozado de la acción. El conoci-

---

[153] Daniel Roumanoff, *op. cit.*, t. 1, p. 419.
[154] Srinivasan, *Entretiens*, p. 60.
[155] Daniel Roumanoff, *op. cit.*, t. 2, p. 61.

miento no se obtiene gratuitamente. Es necesario haber pagado el precio[156]".

Para Swami Prajñanpad, "conocer, es ser", fórmula que Daniel Roumanoff ha traducido a veces como "saber, es poder". Si yo sé cómo construir una casa, entonces puedo construir una casa. Conocer la danza es ser un bailarín, es poder bailar. El camino espiritual no es una reflexión teórica, ahí nada es teórico: se intenta encontrar palabras para describir las prácticas y las experiencias concretas que cada uno puede vivir, verificar, asimilar y hacer suyas.

El conocimiento da múltiples posibilidades de acción y libertad. "Somos libres de lo que conocemos", decía Swami Prajñanpad. A través del conocimiento del cuerpo humano y su funcionamiento, la medicina moderna encuentra nuevas maneras de curar. Igualmente, al tener un conocimiento detallado de nuestra prisión, podemos evadirnos. "Conócete a ti mismo, y suelta todas las demás frases. Éste es el puente hacia la inmortalidad[157]."

Swami Prajñanpad aborda todos los aspectos de la condición humana a través del conocimiento: el conocimiento de las emociones, del miedo, de las restricciones, de los determinismos, del inconsciente, es lo que nos hará libres. En la espiritualidad oriental, la naturaleza del ser humano es considerada como fundamentalmente buena: el amor, la relajación, la paz son estados naturales que están recubiertos por poderosas fuerzas que ignoramos, mayormente inconscientes y reprimidas, que no queremos ver de frente. "La verdad está recubierta. Sólo aquello que recubre puede ser retirado[158]."

Swami Prajñanpad nos conmina a conocer todo sobre nosotros mismos, tanto lo peor como lo mejor. Todas esas fuerzas que nos alejan de nosotros mismos pierden su fuerza cuando son vistas, iluminadas por el conocimiento.

"Ahí donde hay falta de conocimiento hay agitación, dolor, tristeza, enojo, cólera. La única manera es conocerse. Al tra-

---
156 *Ibid.*, p. 26.
157 Ibid, p. 165.
158 *Ibid*, p. 175.

tar de conocerse, usted no debe tener ninguna culpabilidad, vergüenza, timidez, ni duda; nada purifica tanto como el conocimiento. Todo lo que usted entrega al fuego, lo mejor y lo peor, todo arde y se convierte en cenizas, ya que para el fuego todo es igual. De la misma manera, todo es igual para el fuego del conocimiento[159]."

Por lo tanto, es necesario interesarse en la prisión, en el obstáculo. Conocer el odio, el miedo, la prepotencia, nos libera de ellos, pues en el fondo, todos esos determinismos se basan sobre ilusiones, errores de percepción. Provienen de una realidad mal percibida, mal vista. Comprometerse con la existencia, tener experiencias positivas o negativas conscientemente, deseducarse, estar perfectamente lúcido, dejar de deformar la realidad es darse los medios para conocerse a uno mismo, para conocer la condición humana, aceptarla, crecer y sentirse cada vez más vivo y libre.

LA ACEPTACIÓN: VER Y ACTUAR

"Aceptar", "Ver y reconocer", "Decir sí a lo que es", "Ser uno con" y finalmente la fórmula "No lo que debería ser, sino lo que es", son las diferentes expresiones que utilizaba Swami Prajñanpad para evocar este aspecto central de la vía.

Cuando se comprende mal la aceptación, se confunde con la resignación, que es una de las fuerzas mortíferas más nocivas que puedan existir. Desde esta perspectiva, si uno "acepta", ya no hace nada más. Ahora bien, como lo hemos demostrado de sobra, la enseñanza de Swami Prajñanpad glorifica la acción.

"Cuando esté enfermo, diga: 'Sí, estoy enfermo. Acepto el hecho de estar enfermo y, ahora, ¿qué puedo hacer?' Aceptar, es estar activo y no pasivo; es de hecho todo lo contrario de la inacción[160]."

---

159 *Ibid*, p. 163.
160 *ABC d'une sagesse*, p. 18.

Aceptar libera la acción, cuando una acción es posible. Mientras que la no-aceptación inmoviliza la energía en un conflicto estéril con la realidad.

"Al aceptar mental y emocionalmente, usted se libera. Y toda su energía está a su disposición en ese momento. La puede utilizar de la manera que quiera. Y si no acepta, la mayor parte de su energía se queda bloqueada. ¿Qué puede usted hacer entonces?[161]"

Son numerosas las frases de Swami Prajñanpad que asocian aceptación y acción: "Acepte emocionalmente cada cosa, usted incluido y vea intelectualmente lo que se puede hacer, si es que algo se puede hacer. En la realidad, hágalo[162]." Y también: *Mend, leave or accept*, "Repare, deje o acepte". Si yo quiero estar en paz cuando una situación no me conviene, se me presentan tres opciones: ya sea la transformo a través de la acción hasta que ésta me convenga; sea, si esto no es posible, me voy, la dejo; o, si las dos soluciones anteriores no son viables, la acepto tal y como es. Esto me recuerda una máxima inglesa: "Si no te gusta, ¡cámbialo! Y si no lo cambias, ¡ámalo!".

La aceptación no es lo contrario de la acción, sino de la negación. Imaginemos a un hombre gravemente enfermo. Después de mucha resistencia, va a ver a un médico que le da un diagnóstico inquietante que no quiere escuchar y entonces busca otro médico. La negación, la incapacidad de integrar la realidad, es el signo de que ésta no está siendo ni vista, ni aceptada. Desde luego, esta realidad no es fácil de integrar. El proceso de aceptación puede tomar un tiempo, pero conduce al apaciguamiento. En ese caso, el apaciguamiento permite seguir bajo las mejores condiciones los tratamientos terapéuticos necesarios.

Cuando vemos la dificultad, podemos enfrentarla. "¿Qué va a ganar usted adoptando la mentalidad de un avestruz[163]?"

La negación de la realidad no conduce siempre a la inacción. También puede conducir a la prepotencia y al voluntarismo, que

---
161 *L'éternel présent*, p. 75.
162 Srinivasan, *Entretiens*, p. 75.
163 Daniel Roumanoff, *op. cit.*, t. 1, p. 426.

sería el exceso inverso. El voluntarismo, este frenesí en la acción, es con frecuencia un indicador de que la realidad no es vista ni aceptada. En ese caso, el motor de la acción es el miedo o la avidez.

La aceptación difiere de la resignación por la acción, pero también por el clima interior que genera. En la resignación, uno razona y se dice que no hay opción, pero el corazón no acompaña esa manera de pensar. En revancha, la aceptación engendra un sentimiento de desenvoltura en toda situación, la sensación de estar en contacto vivo con todas las cosas, una capacidad de incluir el conjunto de la realidad. Es sentirse en casa en todas partes. "Tenga el sentimiento de que todas las cosas le pertenecen y acéptelas. Dígale sí a todo. No rechace nada y menos algo que se encuentre en usted[164]." Es un proceso, a veces inmediato, con frecuencia progresivo, de asimilación de la realidad que culmina en el apaciguamiento y la unificación. Cuando el proceso es progresivo, cuando la realidad nos parece indigesta, es frecuente pasar por fases de rebeldía, desánimo o ilusión con emociones contradictorias.

La aceptación es el fundamento de toda espiritualidad y la única posibilidad de felicidad durable. Si para ser feliz necesito que la suerte me sonría, que mis deseos sean satisfechos y que solamente reciba buenas noticias ¡son muchas mis condiciones!

La aceptación no es el punto más original de este camino: todas las enseñanzas espirituales predican la aceptación, una relación sin conflictos con la realidad, la sumisión a la providencia. Como lo dice el sabio indio Nisargadatta Maharaj: "La esencia de la santidad es la aceptación total del instante presente, la armonía con las cosas tal y como suceden[165]".

Lo que es notable de Swami Prajñanpad no es tanto la aceptación en sí misma sino más bien el hecho de haber asociado *aceptar* y *ver*, dos nociones que él considera como sinónimos. Para él, las expresiones "aceptar la realidad tal y como es", "ver la realidad", o "estar en la verdad" son equivalentes.

"La lucidez quiere decir no dualidad, es decir, sentirse uno con lo que es[166]." "La verdad es tan simple, tan fácil. Una sola

---

164 Srinivasan, *Entretiens*, p. 39.
165 Nisargadatta Maharaj, *Yo soy Eso*, p. 286.
166 Daniel Roumanoff, *op. cit.*, t. 1, p. 449.

palabra la contiene: 'Sí'. Todo lo que sucede en un momento determinado es la única verdad para ese momento. La verdad consiste en aceptar todo lo que sucede[167]."

Ahí volvemos a encontrar esta insistencia sobre la visión objetiva de la realidad, tan importante en las enseñanzas de Swami Prajñanpad: la práctica de la aceptación comienza con un trabajo de discernimiento. Se trata de aceptar solamente aquello que es 100% cierto.

Otelo está convencido de que Desdémona lo engaña. Si él hubiera practicado la aceptación sin discernimiento, hubiera tratado de decir sí a lo que él creía ser verdad, decir sí al adulterio, y así vemos que esta práctica es absurda. Una práctica fundada no consiste en *aceptar* que Desdémona lo engaña, sino en *ver* que ella no lo engaña.

En uno de sus retiros en el ashram de Swami Prajñanpad en la India, mi padre, que se encontraba totalmente aislado durante varias semanas, había acordado con mi madre que ella le enviaría una carta cada semana. Al cabo de un mes, nada, ni una carta. Durante una entrevista, mi padre le dice a Swami Prajñanpad: "Denise no me ha escrito". Este último lo interrumpe: "¡Falso! Usted no ha recibido cartas". Lo que era 100% cierto, era que Arnaud no había recibido cartas. Quizás porque su esposa no le había escrito, quizás porque las cartas se habían perdido. No sabemos. El asunto es que al día siguiente el cartero trajo tres cartas de mi madre, cada una fechada en una de las semanas que habían transcurrido…

Con frecuencia este regreso al terreno firme de los hechos, este trabajo de discernimiento es suficiente para relajar. Si Otelo ve que Desdémona es fiel, el sufrimiento desaparece de inmediato. También es más fácil aceptar "no he recibido cartas", que "Denise no me ha escrito."

Una vez que hemos llegado a tener una visión no deformada de la realidad, ésta puede seguir siendo difícil de asimilar.

---
[167] *ABC d'une sagesse*, pp. 146-147.

Necesitamos seguir tratando de verla, de verla verdaderamente, de *ver* en el sentido que Swami Prajñanpad le da a esta palabra.

Ver es un ejercicio espiritual con potencial casi infinito. Al principio, *ver* es una actividad del cerebro, un rigor del pensamiento. Pero poco a poco ver se convierte en una experiencia completa del ser, una toma de conciencia liberadora que cambia por completo la situación.

Tomemos el ejemplo de un fumador que desea dejar el tabaco. Él puede fácilmente enumerar las razones: los daños a la salud, el olor, el costo financiero, la falta de aliento, la molestia para los demás. Él sabe que el cigarrillo es nocivo. Y, sin embargo, no puede dejarlo. Esta información no tiene el peso suficiente frente a la adicción. *Ver* corresponde a una toma de conciencia mucho más profunda. Ver trae consigo forzosamente un comportamiento congruente.

Mi padre me contó la historia de un hombre que era alcohólico y que ilustra muy bien esta noción. Una mañana el hombre se levanta y se da cuenta que el cuerpo de su hijita está lleno de moretones. Cuando le pregunta a la chiquilla qué le pasó, ella le contesta que fue él quien le hizo eso cuando llegó a casa la noche anterior. En ese momento, él llama a Alcohólicos Anónimos y deja de beber. La información: "Cuando bebo le hago daño a mi familia", que hasta el momento no tenía ningún efecto, se convirtió en una toma de conciencia fulgurante. Eso es *ver.*

Retomemos el ejemplo del hombre que se entera que tiene una enfermedad grave. Si no está en la negación total, toma nota de la información, sin embargo, no por ello la ha aceptado. Él *sabe* que está enfermo, pero no lo ha *visto*. A cierto nivel, su cerebro no pelea con la información, pero en la profundidad grita todo lo contrario: yo no debería de estar enfermo. Con frecuencia, el proceso que permite ver pasa por un pico emocional muy fuerte. Justo antes de *ver*, puede ocurrir un colapso interior, un darse por vencido que pasa por las lágrimas. La realidad me salta a la vista; no hay escapatoria. Luego, vemos y aceptamos. La paz está al final de este proceso.

Ver, es observar la realidad de frente y hacer digeribles los aspectos difíciles de la condición humana. Como todos somos diferentes, cada uno de nosotros deberá pasar por tomas de conciencia específicas. Al mismo tiempo, en el plano espiritual todos deberemos de pasar por el mismo lugar: realizar que la mayoría de las expectativas del ego nunca serán satisfechas. Estar enterado de ello es muy fácil. *Verlo* es mucho más difícil.

Por lo tanto, *ver* es ver que el mundo no gira a mi alrededor, que la realidad no siempre puede corresponder a mis deseos, que el otro no me querrá nunca como yo deseo que me ame, que no hay seguridad absoluta, que lo real es trágico y que todos somos mortales. Desde luego que lo sabemos, pero no lo vemos. Si lo *viéramos*, dejaríamos de tener expectativas, disfrutaríamos de la paz del momento presente y el ego desaparecería.

Ver con todo nuestro ser es un largo camino de asimilación de la realidad. Es necesario intentarlo una y otra vez. Por eso Swami Prajñanpad insistía sobre las leyes de la vida que había que comprender, reconocer y asimilar.

LAS LEYES DE LA VIDA O LAS REGLAS DEL JUEGO

Swami Prajñanpad resaltaba ciertos aspectos de la realidad, ineludibles, sobre los que el mental puede tropezar indefinidamente. En sí mismos, estos aspectos no son ni buenos ni malos, son. Swami Prajñanpad los llama las "leyes de la vida": la diferencia, el cambio, la dualidad y las leyes de causa y efecto.

Primera ley: la diferencia.

"La primera gran verdad a la que nos enfrentamos es la de la diferencia. Aunque haya un número infinito de cosas en el universo, es notable que nunca haya dos cosas iguales[168]."

"Nada es similar. El otro es otro. Todos los seres humanos son diferentes. Tienen deseos diferentes, valores diferentes, reacciones diferentes y, por lo tanto, a veces se comportarán tal y como queremos que se comporten, pero con mucha frecuencia, no."

---

168 Srinivasan, *Entretiens*, p. 19.

Segunda ley: el cambio.
Todo cambia, todo está sometido a la aparición y la desaparición. "La segunda gran verdad que salta a los ojos es el cambio. Las cosas infinitamente numerosas que hemos mencionado anteriormente no permanecen iguales. Al contrario, cambian continuamente. Lo cual agrega una nueva dimensión al despliegue de las diferencias[169]."

"La experiencia banal muestra que todo lo que llega se va. Siempre. El día empieza, permanece algún tiempo y desaparece dejándole el lugar a la noche. Igualmente, la tristeza viene y después de algún tiempo desaparece. De igual manera, la felicidad, los celos, la ira, etc. Nada es permanente. Todo pasa y se va. Ni las estrellas del firmamento son eternas. Todos nosotros hemos venido a este mundo un día, y otro día desapareceremos también. Así, no hay que regocijarnos de nuestra fortuna o desolarnos por nuestra mala suerte. Son estados temporales que van a desaparecer[170]."

Tercera ley: la dualidad.
No hay cóncavo sin convexo. Toda moneda tiene un lado "cara" y el otro "cruz". No hay relación sin separación, éxito sin fracaso, elogio sin condena, etc.

"La vida y la muerte se codean. Existe luz y obscuridad, sol y sombra, placer y dolor, caliente y frío, amor y odio, etc. Estos opuestos son innumerables, pero unos nos gustan, y otros, los detestamos. Queremos los buenos y no los malos. Tenemos sed de placer y detestamos el sufrimiento. Pero la vida se compone de todas las experiencias[171]."

Y última ley: la relación de causa y efecto.
Las causas producen efectos, por lo tanto, cuando las causas se reúnen, el efecto se produce.

"Usted debe de hacer repetidos esfuerzos para descubrir la relación de causa y efecto en los eventos que se producen. No hay acción sin causa; trate de ver esta relación en todas las situaciones:

---
169 *Ibid.*, p. 23.
170 *Ibid*, pp. 30-35.
171 *La vérité du bonheur*, p. 17.

samsara es otro nombre para la corriente ininterrumpida de causas y efectos. Esta ley de causa y efecto se aplica por doquier, tanto en el mundo interior como en el mundo exterior[172]."

"Nada sucede al azar. Todo depende de una causa. Lo que le sucede es un efecto y, por lo tanto, hay una causa. Si no quiere ese efecto, encuentre la causa y atáquela. El efecto cesará. Si no puede eliminar la causa, lo que sucede es inevitable o irremediable, no puede hacer nada más que aceptarlo[173]."

Hasta aquí, no hay nada muy original en estas frases. No es necesario ir hasta el fondo de la India para saber que todo cambia. Cuando yo era niño, yo oía hablar de esta "ley del cambio" como si fuera un logro conceptual muy importante y no entendía qué era lo que había de extraordinario ahí. Para mí, era simplemente una constatación banal. Por cierto, Swami Prajñanpad lo dice: "La experiencia banal demuestra que todo lo que llega se va."

¿Por qué insiste tanto en este punto? Para comprenderlo, podemos comparar su enfoque con el de otros caminos espirituales. Todas las tradiciones están de acuerdo en decir que todo cambia y que los seres humanos se apegan a las cosas cambiantes. "El hombre, dice Swami Prajñanpad, busca su felicidad eterna en aquello que es efímero[174]."

La felicidad es por lo tanto muy frágil, como lo expresa Polyeucte en la obra epónima de Corneille. Hablando de las "aduladoras voluptuosidades" terrestres, dice:

Toda su felicidad
Está sujeta a la inestabilidad
En un instante se cae
Y así como tiene el brillo del vidrio
También contiene su fragilidad.

Ahora bien, existe una realidad que se sitúa más allá del cambio, que es del orden de lo infinito o de la eternidad. Es lo que

---

172 *La vérité du bonheur*, p. 17.
173 Srinivasan, *Entretiens*, pp. 30-35.
174 *La vérité du bonheur*, p. 17.

subraya Polyeucte, al hablar de las "santas dulzuras del cielo":
Sus bienes no son inconstantes
Estos bienes aportan la plenitud:
Ustedes llenan un corazón que los puede recibir.

Está claro: por un lado, bienes inconstantes, efímeros, frágiles que se quiebran fácilmente y, del otro, la duración, la eternidad, la plenitud. En los Upanishads, se pueden encontrar abundantes citas que van en el mismo sentido:

"El sabio, deseando la inmortalidad, ha vuelto su mirada al interior, y ahí descubre el Sí-mismo." (*Katha Upanishad*).

"Sé siempre Eso, esta esencia imperecedera y serena, que ya estaba ahí al principio de los tiempos y que seguirá ahí al final de los tiempos, como estaba presente en tu nacimiento y lo estará todavía en tu muerte." (*Annapurna Upanishad*).

Todas las tradiciones espirituales están de acuerdo sobre esta constatación. Pero es sobre las conclusiones que difieren.

Para cierta tradición cristiana, es absurdo apegarse a bienes que están sujetos al cambio y la desaparición, pues la felicidad que traen consigo es efímera. De entrada, pierde uno; es mejor apostar, me atrevo a decir, a perspectivas más durables. En el vocabulario cristiano se dice que se necesita dejar el mundo y buscar a Dios. Es la esencia de la vía monástica. Es lo que hace decir a Polyeucte: "Mundo, para mí ya no tienes nada."

El enfoque de Swami Prajñanpad es diferente, más bien afirma: "Mundo, ¡para mí tú tienes todo!". Él no considera absurdo el hecho de que nos interesemos por el mundo, que busquemos ahí la plenitud, la realización, el placer, el amor, la satisfacción de los deseos. Lo que considera absurdo es que no se comprendan las leyes de la vida y que queramos lo imposible, es decir, que las cosas destinadas a cambiar no cambien, que el otro no sea otro, que las causas no produzcan efectos o que ya no haya dualidad.

Estas leyes de la vida constituyen una suerte de reglas del juego, de restricciones inevitables. Si no lo comprendemos, vamos a alimentar expectativas vanas, vamos a perdernos en la esperanza y sufriremos, vamos a reproducir comportamientos absurdos y finalmente no vamos a entender nada de lo que nos sucede.

Infatigablemente, de entrevista en entrevista, de carta en carta, Swami Prajñanpad no deja de repetirlo. No sea absurdo, no tenga una expectativa vana.

"Es vano esperar que alguien se comporte como 'yo' deseo. Esperar que una persona actúe de acuerdo con mi deseo es un absurdo; es contra natura. Y, sin embargo, es lo que hacen los hombres. Y como esa expectativa no se cumple, se sienten frustrados, insatisfechos[175]."

"La esperanza es el enemigo más grande del hombre. Al mantener falsas esperanzas sólo alimentamos el sufrimiento[176]."

"Los seres vivientes, los animales, las aves, los hombres, todos los seres vivos son propensos a sufrir. ¿Por qué? Porque funcionan contra la ley. Nadie sigue las reglas. Pensamos que en este mundo 'todo lo que tengo va a durar para siempre', pero nada dura, pues no es la ley. Sin embargo, todo mundo tiene expectativas y espera que el otro actúe de acuerdo con sus propios deseos; pero ¿cuál es el resultado? ¡Sólo el sufrimiento! ¿Qué es lo que te hace sufrir? Estás frustrado, y la razón es que todos son diferentes y, por lo tanto, nadie puede hacer lo que tú quisieras que haga: es la ley, es el destino; y es ahí donde está la causa del sufrimiento. En todo momento, todo tipo de seres vivos pasan por el proceso de muerte o destrucción; el mundo continúa en su movimiento, nada es estable; la muerte es el destino, la muerte es la regla. Y, sin embargo, el que vive piensa que no va a morir y que vivirá por siempre. ¿Qué hay más sorprendente que una persona que habiendo observado la muerte llegar por doquier, todo el tiempo, piensa que ella vivirá para siempre y que nunca morirá[177]?"

La enseñanza no es un aguafiestas, como si ya no debiéramos apreciar los placeres de la existencia bajo el pretexto de que no duran. Al contrario, comprender las leyes de la vida nos libera del miedo, a condición de que esta toma de conciencia sea real y profunda. La palabra "ver" toma entonces todo su sentido. Si sé

---

[175] *La vérité du bonheur*, p. 18.
[176] *Ibid.*, p. 64.
[177] *Ibid.*, pp. 115-116.

de dientes para afuera que las cosas cambian, eso no será suficiente para quitarme todo el pesar en el momento en que se vayan. Es verdaderamente necesario verlo. Ver, conlleva una desaparición total de la creencia de que lo que existe ahora existirá siempre, creencia que provoca miedo.

"Yo existiré, lo que me pertenece existirá: ¡eso es lo que produce el miedo a morir, el miedo de la destrucción o de la pérdida, el miedo a la muerte! ¿Cuál es la causa de esta aprehensión o de este miedo? Que sabemos que el día de hoy no durará y, sin embargo, ¡hay el deseo nostálgico de que dure! ¡Qué quitará este miedo! Sólo el conocimiento de que no durará, de que lo que viene, ¡se va![178]"

"¿Tiene ocasión para inquietarse aquél que acepta lo que es y lo que sucede[179]?"

La aceptación del carácter inestable de la realidad hace que su disfrute sea más profundo e intenso. Como lo dice Etty Hillesum: "La eventualidad de la muerte está integrada a mi vida. Ver la muerte de frente y aceptarla como parte integral de la vida, es ampliar esta vida". "Vivo cada minuto de mi vida multiplicado por mil[180]."

Aceptar las leyes de la vida nos permite saborear cada regalo de la vida mientras está ahí y dejarlo ir con gracia y soltura. Si dejamos de esperar que lo que está destinado a cambiar no cambie, el instante presente se vuelve nuestra verdadera morada. Nos movemos con el flujo, abrazamos con naturalidad el movimiento de la vida.

"La vida es un juego, un desafío, una conquista. Todo lo que sucede es nuevo y, por lo tanto, precioso, fuente de luz. Esté al unísono, en armonía con ese cambio continuo, ese juego de la vida: disfrute de sus más pequeños aspectos[181]."

La vida se convierte en un "festival de novedades":

---

178 *Ibid*, p. 93.
179 Daniel Roumanoff, *op. cit.*, t. 2, p. 37.
180 Etty Hillesum, *Une vie bouleversée*, Le Seuil, 1985, pp. 135-136.
181 *Les yeux ouverts*, pp. 35-36.

"Si tiene en mente que conviene actuar de acuerdo con las situaciones cambiantes, toda situación se convierte en una fuente de gozo. Todo es interesante. Cada minuto es una alegría, la alegría de la conquista. Así, cada minuto es nuevo, cada minuto llega para enriquecerlo, para traerle la iluminación[182]."

---

[182] *ABC d'une sagesse*, p. 30.

DE LA EXPERIENCIA HUMANA AL ABSOLUTO

"No se preocupe de lo largo del camino.
Un verdadero buscador avanza hasta que llega a su meta[183]."

En este libro he insistido mucho respecto a la necesidad de participar en el juego de la vida de una manera plena y lúcida, con todos los beneficios que esto trae: plenitud, realización, autenticidad, dignidad, etc. Y esto ya es mucho. Sin embargo, el camino espiritual nos lleva mucho más allá de estos beneficios, que ya son preciosos por sí mismos. El destino final no es la existencia ordinaria mejorada; es un vuelco a otra dimensión. En el vocabulario occidental, diríamos que es la experiencia de lo divino. En el vocabulario de Swami Prajñanpad, se hablará más bien del Sí-mismo, del absoluto, de la iluminación.

¿De qué manera este camino, que he resumido con las palabras *vivir* y *ver*, conduce naturalmente al Absoluto? De eso vamos a hablar ahora...

VEDANTA VIJÑANA: LA PERSPECTIVA METAFÍSICA

La enseñanza de Swami Prajñanpad es un camino al despertar. Su meta es conducirnos al descubrimiento del Absoluto, del Infinito y de la Eternidad. Como lo dice la célebre plegaria hindú:
De lo irreal, condúcenos a lo real
De las tinieblas, condúcenos a la luz
De la muerte, condúcenos a la inmortalidad[184].

Los orientales y los occidentales tienen una concepción bastante diferente de lo Divino. Se dice de la concepción judeocristiana

---
[183] L'expérience de l'unité, p. 40.
[184] Pavana Mantra, extracto del *Brihadaranyaka Upanishad* (1.3.28).

que es dualista, en el sentido que afirma la existencia de dos realidades radicalmente diferentes: por un lado, Dios y, por el otro, la creación. El enfoque dualista presenta a Dios más bien como un escultor o como un relojero.

La tradición oriental es en general no dualista. La palabra "Dios" no está prohibida, pero para designar esta dimensión se emplea un vocabulario más filosófico como el Absoluto, el Sí-mismo, el Vacío, el Uno, la Consciencia. Así, en vez de oponer Dios y la creación, la escuela no dualista une el *Absoluto* y *la manifestación* (o lo *relativo*). Estas dos dimensiones también son designadas por los términos: *realidad última* y *realidad relativa*.

La manifestación (o *realidad relativa*) corresponde a nuestra experiencia inmediata. Es lo que está ahí, delante de nosotros, en nuestra vida cotidiana: los paisajes urbanos o naturales, los humanos, los animales, los objetos, los acontecimientos, etc. Esta manifestación presenta como característica el estar sometida al cambio, a la multiplicidad y a la dualidad. En la manifestación todo tiene su opuesto: el día y la noche, lo bello y lo feo, el nacimiento y la muerte, el apego y la separación, etc.

El Absoluto (o *realidad última*) pertenece a un orden de realidad completamente diferente. Es la eternidad, lo intemporal, la unidad, el infinito, Dios para los cristianos, Brahman para los hindús, "la verdadera naturaleza de la mente" para los budistas.

Bajo la óptica no dualista, la relación entre el Absoluto y la multiplicidad de todo lo que aparece y desaparece ante nuestros ojos es tradicionalmente comparada a la del océano y las olas: innumerables olas nacen y mueren en un único océano, y en esencia, todo es agua.

El Absoluto es visto como un espacio consciente y acogedor. Un espacio vacío en el cual todo puede ocurrir; una consciencia benevolente. El gran sabio indio Ramana Maharshi utilizaba la imagen de la película y la pantalla de cine. Las películas (todas nuestras historias) se proyectan sobre la pantalla del Absoluto, que nunca es afectada: una película de un incendio no quema la pantalla, una película sobre el fondo del mar no la moja.

Podemos también utilizar la imagen del espejo en el que la realidad se refleja y que permanece intacto e imparcial. Inclusive, la del agua, que toma la forma de sus contenedores, pero sigue siendo esencial y únicamente agua.

Los budistas utilizan la imagen de un cielo límpido atravesado por nubes o aves. Como lo dice la monja budista Pema Chödron: "Tú eres el cielo. Lo demás es solamente el tiempo que hace".

Otra gran diferencia, propia de la concepción oriental, reside en el aspecto inmanente del absoluto: no una realidad radicalmente separada de nosotros, sino más bien nuestra naturaleza profunda, nuestra "naturaleza de Buda". Lo absoluto, lo último, lo divino —poco importa el término que usemos— es el ser de nuestro ser; más íntimamente nosotros mismos que la sangre que corre por nuestras venas. Swami Prajñanpad, como todos los hindús, utilizaba el término Sí-mismo (en inglés *Self*, traducción del sánscrito *Atman*) para designar el Ser del hombre en su nivel más profundo, el punto de unión entre el hombre y el infinito, aquello que en nosotros es eterno. "Siempre sé Eso, esa esencia imperecedera y serena, que ya estaba ahí al principio de los tiempos y seguirá ahí al final de los tiempos; como estaba presente en tu nacimiento, y estará presente en tu muerte" (*Annapurna Upanishad*). Esta concepción difiere de la concepción judeocristiana corriente que presenta a Dios como absolutamente trascendente, el "Completamente-otro".

Si Dios (el Absoluto) es inmanente, si está en el interior de cada ser humano, eso significa que podemos tener la experiencia de Dios. Entonces no es un concepto filosófico o teológico abstracto.

Por lo tanto, eso nos manda a dos niveles de experiencia interior, dos "modos de consciencia" muy concretos. En el primero, el habitual, el ser humano separado de su dimensión espiritual solamente percibe de sí mismo lo que es finito y limitado. Al considerarse destructible en un mundo en el que todo cambia, le resulta difícil escapar del miedo y siempre es más o menos propenso a un fondo de insatisfacción, agitación y tensión.

El otro modo de consciencia es un estado de libertad que llega cuando el ser humano realiza su dimensión espiritual. Entonces, se descubre vasto, conectado con el infinito, libre del miedo y de la ilusión. Se siente profundamente vivo, habitado por sentimientos estables de confianza, paz, amor, gratitud y alegría. Unas palabras de Swami Prajñanpad en las que distingue el nivel de consciencia ordinaria de la culminación final, describen estos dos niveles de experiencia. El primero, humano, psicológico, es caracterizado por la dualidad:

"La acción y la reacción, la atracción y la repulsión, el placer y el dolor, el amor y el odio, la ascensión y la caída, etc. Mientras que la culminación final —que podemos llamar Verdad, Equilibrio, Ecuanimidad, etc.—, es una Supra Consciencia o Pura Consciencia o más bien, un estado de lucidez, un estado de ser. El primer nivel de consciencia es la función del ego, mientras que el segundo es la expresión del Sí-mismo. El primer modo pertenece al ámbito de lo relativo. El otro es el Absoluto, que obtiene su propia luz de sí mismo. El primero es el reflejo del cambio, mientras que el segundo es la constancia del no-cambio[185]."

El camino espiritual es un camino de conocimiento de uno mismo que al principio nos permitirá conocer mejor esta "función del ego" de la que habla Swami Prajñanpad, es decir, nuestro funcionamiento de ser humano, nuestra dimensión psicológica con sus especificidades, sus heridas y sus condicionamientos originados en el pasado. Después, descendiendo más y más profundamente dentro de nosotros, podemos descubrir otro registro totalmente diferente, independiente de nuestra historia. El camino espiritual es la interpenetración progresiva o inmediata en nuestro corazón, en nuestro cuerpo, en nuestras acciones y en nuestra vida cotidiana del nivel espiritual y del nivel psicológico, de lo divino y lo humano, del cielo y de la tierra.

Esto nos lleva a tomar conciencia de la parte eterna e indestructible de la realidad y a comprender que esta parte está en nosotros, así como en todos los aspectos de la realidad.

"Nos identificamos erróneamente con el cuerpo. Nosotros somos nosotros mismos y no el cuerpo físico, emocional, o mental.

---

[185] *L'art de voir*, p. 37.

Si tan sólo tuviéramos la paciencia de examinar esas identificaciones falsas y alcanzáramos la meta suprema, nos veríamos como una Consciencia pura, calmada y serena. En realidad, somos la encarnación de Ananda (la beatitud). Usted debe llegar a lo que es en verdad. Entonces el Sí-mismo brilla con el destello de mil soles. Ese Sí-mismo siempre ha estado ahí. Cuando el Sí-mismo es realizado, es la dicha absoluta[186]."

Quien realiza esta "esencia imperecedera y serena" queda libre de la muerte, no porque haya adquirido la inmortalidad –su cuerpo morirá, como todos los otros cuerpos–, sino porque la muerte del cuerpo físico le es indiferente pues no tiene ningún efecto sobre su esencia espiritual. Ramana Maharshi decía: "Por lo tanto, yo soy un espíritu que trasciende al cuerpo. El cuerpo muere, pero el espíritu que trasciende al cuerpo no puede ser alcanzado por la muerte. Lo que quiere decir que soy un espíritu inmortal".

LA EXPRESIÓN DEL SER, LA DICHA, EL DESAPEGO

La enseñanza de Swami Prajñanpad le otorga un gran lugar a la satisfacción consciente de los deseos. Pero no se trata solamente de salir de la frustración, de estar bien y realizarse. La satisfacción del deseo es parte de una perspectiva mucho más vasta que se apoya en la expresión del ser y conduce naturalmente al desapego y a la libertad.

Un aspecto esencial de la enseñanza de Swami Prajñanpad es lo que él llamaba "el ser y la expresión del ser". Él podía decir, hablando de alguien, que tenía "el ser" de un cantante, de un médico, de un aventurero o de un hombre de negocios... Le dijo a Arnaud Desjardins que él sabía sostener una cámara porque tenía "el ser de un camarógrafo". En ese sentido, el *ser* es lo que constituye nuestra singularidad, el perfume único que nos diferencia de todos los demás seres humanos. A veces Swami Prajñanpad decía "nuestra naturaleza propia". Esa naturaleza propia somos

---
186 Srinivasan, *Entretiens*, p. 63.

nosotros mismos cuando somos auténticos, vivos y espontáneos, cuando hacemos las cosas a nuestra manera, con todo nuestro corazón, con un fondo de inocencia. Somos nosotros mismos en movimiento, liberados de nuestros obstáculos, en armonía con el movimiento de la vida.

Si alguien tiene el ser de un cantante, cuando canta expresa su ser de la misma manera en que un árbol expresa su ser creciendo y produciendo hojas, flores y frutos.
"El árbol crece... crece... expansión. Luego, llegado el momento, aparecen las hojas, aparecen los botones, aparecen las flores. Luego llegan los frutos. Los frutos caen al suelo. Así, cuando el fruto cae, el árbol ha cumplido su destino. La producción del fruto, en cierta manera, es la meta de la vida del árbol."

La expresión del ser no tiene nada de egocéntrico, es una forma de sumisión a su "naturaleza propia". Para una semilla de manzana, crecer y producir manzanas es natural; lo que sería contra natura, sería querer permanecer como una plantita o llegar a ser algo diferente a un manzano o crecer tan grande como un baobab. Así, hay tres formas de resistencia al ser: querer ser algo diferente de lo que soy; querer ser menos que lo que soy; querer ser todavía más que lo que soy. Impedir la expresión del ser genera mucho sufrimiento.

Cuando Swami Prajñanpad tenía alrededor de quince años, escribió poemas que traducían su fascinación ante la naturaleza, que él sentía entonces como animada por el deseo. Escribió, por ejemplo: "El botón, lleno de perfume, desea tomar la forma del fruto". "El arroyo, loco de alegría, corre hacia el mar". Este vasto movimiento de la naturaleza nos habita también a nosotros. Desde que nacemos, estamos animados por un movimiento de expansión. El niño, a la edad de un año, aprende a caminar. No hay nada de egocéntrico en ello; es la vida en él que se despliega; el puro impulso vital. Y ahí va el niño. Me pregunto quién de nosotros sería capaz de pagar tal precio para aprender algo. Yo vi a mi hijo caerse cuan largo era, pegarse en la cabeza con el suelo, llorar por el golpe y volver a empezar de inmediato. A la edad de dos años aproximadamente el niño empieza a hablar. Luego, el mismo proceso continúa y se diferencia, se vuelve más consciente y se manifiesta bajo la forma de deseo. Caminar, hablar, todos pasamos por ahí. Después se afirma la diversidad de las naturalezas; uno es músico, el otro es deportista, etc.

Cada ser humano lleva en sí alcanzar sus aspiraciones profundas, tener ciertas experiencias. Para tal mujer, será muy importante tener muchos hijos; para otra no, en absoluto. Uno siente que tiene alma de artista, el otro se siente atraído por la pedagogía o por el comercio... Esto puede ser también un deseo puntual: hacer un viaje, tomarse un año sabático, escribir un libro; o puede ser un proyecto de vida: ser médico, tener muchos amigos, vivir en el campo. Lo importante es sentir lo que tenemos en nosotros por realizar; llegar hasta el final de nuestro proyecto. Si no, nos condenamos a envejecer con arrepentimientos y frustraciones de los cuales será difícil vivir el duelo. Se trata de honrar la expresión del ser y superar el miedo y los pensamientos negativos respecto a nosotros mismos que nos lo impiden. Tenemos algo que culminar, que cumplir, que debe ser honrado. Es un "depósito", dice Swami Prajñanpad, que tenemos que custodiar. Ahí ve la razón de ser de la existencia y la esencia del sentimiento de dignidad. "Usted, usted mismo, en su dignidad intrínseca", decía.

> "Sentimiento de dignidad significa el sentimiento de su importancia y de la necesidad urgente de su propia vida. No decir: 'No tengo necesidad alguna, ni significado; no soy nada'. No. 'Tengo esto, y tengo una vida para culminarlo. Por lo tanto, tengo un depósito, por llamarle así. No puedo degradarlo ni usarlo de manera limitada. Debo de guardarlo y trabajar en él'. Eso es el sentimiento de su dignidad: 'Yo soy y tengo algo qué hacer. Si no lo hago, no soy nadie; no soy nada. Ahora bien, no puedo ser nada'. La dignidad significa: 'Sí, soy algo, soy alguien y siento una necesidad, tengo una misión —si le gustan las palabras grandilocuentes—, algo qué hacer y, si no lo

hago, mi vida no es nada, así es que tengo que hacerlo'. Esta es la voz de la dignidad[187]."

Hay muchas fuerzas que nos pueden desviar de esta "misión", ya sean externas, como la presión del medio en que vivimos, o internas como la falta de confianza en uno mismo, la culpabilidad, la desvalorización y el miedo. "Yo quería ser músico, pero mi padre quiso que fuera ingeniero." "Cuando era niña, mis padres me sugirieron que fuera maestra por la seguridad del empleo, pero nunca he sido feliz en esta profesión." "Me hubiera encantado lanzarme a hacer tal proyecto, pero no me atreví porque no me creí capaz de hacerlo."

Es muy fácil desviarse de su hilo director interno y, a veces, se necesita mucha tenacidad y valor para mantener el rumbo. Berlioz, el gran músico, se encontró con una enorme resistencia de parte de sus padres. Su padre quería que fuera médico como él y, para su madre que era una santurrona, la carrera de músico condenaba a la perdición a todo aquél que la ejercía. Muchas películas y novelas se han hecho usando este esquema: el héroe desea expresar su ser y lo logra a pesar de enormes obstáculos. En la película *Billy Elliot*, el héroe quiere ser bailarín en un medio social de obreros, en el que sería mejor visto como boxeador. No todos tenemos destinos excepcionales, ya sea real como el de Berlioz, o ficticio como el de Billy Elliot. Pero todos estamos destinados a volvernos nosotros mismos.

No expresar nuestro propio ser provoca agotamiento, tristeza, hastío. Por el contrario, los signos de la expresión del ser son la creatividad, el asombro y la alegría de vivir.

"Sin herir a nadie, desde luego, sea lo que usted es, manténgase fiel a su verdadera naturaleza y manténgase establecido en el esplendor de su propia naturaleza. Solamente entonces podemos tener la experiencia de nuestra propia energía creativa y sólo eso es lo que llamamos dicha".

"La dicha es la esencia de la vida. Una vida sin alegría no es vida para un ser humano; es una vida de animal o la vida de un

---
[187] *L'éternel présent*, pp. 327 – 328.

ladrillo o de una piedra. Sin alegría, el flujo de la vida se detiene y se estanca. Una vida de ser humano se reconoce por el flujo de energía pura y espontánea que lleva consigo la beatitud[188]."

Apoyándonos en lo que somos, la vida tiene sabor a nuevo, una frescura siempre nueva. "Yo soy lo que soy, ahora y siempre, eternamente en una iluminación progresiva de la consciencia. Cada nuevo instante es portador de una perfección nueva, siempre nueva, siempre bella, una 'dicha eterna'[189]."

Si el ser se expresa sin obstáculos, llega un momento de culminación en el que lo que debía de ser vivido ha sido vivido, lo que debía ser logrado, se logró. Un momento en el que, según las palabras de Swami Prajñanpad, "la necesidad urgente de la propia vida" ha sido honrada en su justa medida. Entonces se instala una profunda relajación.

Swami Prajñanpad pronunció a este respecto una de sus célebres fórmulas: "El más grande logro para un ser humano es el poder decir: he hecho lo que tenía que hacer, he dado lo que tenía que dar y he recibido lo que tenía que recibir". Dar y recibir son muy importantes en este camino, sobre todo si lo que damos emana de la expresión del ser y si lo recibido viene a nutrir nuestro ser. Dar y recibir son necesidades fundamentales. Dar depende de nosotros, recibir depende de otros, de lo que la vida nos da. Pero si actuamos con el corazón y empezamos dando, tenemos más posibilidades de recibir. "Para recibir, hay que dar. Si usted da amor, el amor le llegará de regreso[190]."

Mi padre utilizaba una imagen muy elocuente. Según él, haber hecho lo que uno tenía que hacer, haber dado lo que uno tenía que dar, y haber recibido lo que uno tenía que recibir, es como haber visto una película hasta el final: salir de la sala no es un desgarramiento. Mientras que dos minutos antes de que se acabe la película, uno no quiere salir. Al llevar a cabo lo que tenía que llevar a cabo, es como si hubiera visto la película de mi propia existencia

---

188 Sumangal Prakash, *Swami Prajñanpad, mon maître*, pp. 68-69.
189 *L'art de voir*, p. 19.
190 *ABC d'une sagesse*, p. 57.

hasta el final. El miedo a la muerte se disuelve en un sentimiento de libertad y relajación: me puedo quedar en la sala, o salir.

De ahí se desprende una forma de desapego, de renuncia natural. No necesitamos fabricar la paz interior, nos instalamos en ella a través de la relajación. "No fue Swamiji quien renunció al mundo, fue el mundo el que renunció a Swamiji." En inglés, el verbo *renounce* es transitivo directo: *the world renounced Swamiji*. Literalmente esto daría: El mundo renunció Swamiji, en lugar de renunció a Swamiji. Quizás sería mejor traducir como: el mundo soltó a Swamiji, o liberó a Swamiji, o el mundo despidió a Swamiji.

Nos desprendemos del ego como el fruto se desprende del árbol. No es el fruto quien por voluntad propia se arranca del árbol. De hecho, no hay arrancamiento. El árbol deja caer el fruto cuando está maduro. "No un esfuerzo por desprenderse, sino el deseo que cae automáticamente por sí mismo[191]." El camino no consiste en forzar la maduración, sino en acompañarla. El ego pasa de la crispación a la relajación, de las tensiones a la distensión de esas tensiones a través de la realización del ser, cuando hemos logrado lo que traemos en nosotros por cumplir, cuando hemos vivido lo que teníamos que vivir.

"El hombre debe de ser libre de lo que generalmente llamamos deseo. ¿Qué es el deseo? El deseo de tomar y el deseo de dar. Nada más. Si uno puede estar libre de esta tendencia a dar y recibir, entonces uno es libre. Entonces uno realiza: 'Sí, he recibido lo que deseaba recibir, he recibido todo; ¡he dado todo lo que tenía que dar! Sí. ¡Se acabó!' Usted es libre, ha alcanzado su salvación[192]."

En ese momento surge un sentimiento de plenitud estable que libera del miedo a la muerte y que permite vivir cada instante como un regalo.

"Todo lo que tenía que hacer, lo hice; todo lo que debía obtener, lo obtuve; todo lo que debía dar, lo di. Esta es la idea completa. El aspecto emocional será una calma perfecta

---

191 *La vérité du bonheur*, p. 91.
192 *Le but de la vie*, p. 25.

y una satisfacción completa que jamás podrá ser perturbada por nada[193]."

"Es el estado final en el que siente: '¡Oh! Ahora soy libre de la tendencia a dar o a recibir. No tengo nada que obtener, nada que recibir. ¡Sí, soy feliz!' Usted realiza la Serenidad, realiza la Luz, realiza la Iluminación. Le puede dar el nombre que quiera, pero el hecho es que se alcanzó ese equilibrio[194]."

TOTALMENTE IMPLICADO Y TOTALMENTE NO-IMPLICADO

La enseñanza nos recomienda comprometernos con la existencia, estar intensamente, totalmente presente en cada una de sus acciones; en cada una de sus experiencias. Pero si nos quedamos ahí, nos quedamos cortos, pues esta total implicación se transforma por sí sola en una no implicación total. Es un estado paradójico, completamente implicado y completamente no implicado, comprometido e interiorizado, enérgico y calmado. Nos entregamos a fondo y somos libres:

"Ahí donde no es cuestión de sujeto ni de objeto, la paz, la libertad, la experiencia de lo que es, es una experiencia pura y absoluta de liberación, y esta experiencia ocurre siempre que usted se entregue a fondo en una actividad sin importar cuál sea ésta[195]."

Cuando estamos totalmente implicados y totalmente no implicados, ya no hay ego, pues el ego es a la vez lo que impide implicarnos, a causa del mental y del miedo, y lo que impide des-implicarnos, debido a la interferencia continua del yo, de los incesantes movimientos de rechazo y apropiación.

Es el sentido de una de las fórmulas más equilibradas y paradójicas de Swami Prajñanpad. "En el interior, activamente pasivo; en el exterior, pasivamente activo." Interiormente, dejamos que se

---
[193] *Ceci, ici, à présent*, p. 202.
[194] *Le but de la vie*, p. 50.
[195] *Le but de la vie*, p. 51.

desplieguen todos los estados sucesivos que se presenten, nos dejamos conmover, sin resistir, sin juzgar, pero estando intensamente presentes. En el exterior, estamos activos, muy activos, pero con un trasfondo de soltar presa.

"Pasivamente" quiere decir en la relajación, sobre un trasfondo de aceptación y de soltar, sin crispación. Esta pasividad es el estado que sustenta tanto a la acción como a la no acción, pero no es para nada evitar la acción, sino al contrario.

"Usted no debe ser pasivo, sino *pasivamente activo*. Al actuar o al expresarse como usted es, aquí y ahora, usted es activo. Pero al aceptar todo lo que sucede, usted es pasivo. Su actitud general debe de ser la pasividad. Pero si siente que debe de actuar, actúe plena, completa, totalmente[196]."

"Aun participando en todo tipo de acciones, un sabio nunca está perturbado. Ni siquiera el impulso del corazón hacia la acción externa puede afectar la calma profunda de su corazón[197]."

Así, la condición humana vivida plenamente revela una realidad trascendente de calma, de paz y de dicha. Vivir plenamente el sufrimiento permite descubrir la dicha perfecta:

"Al aceptar a la emoción en tanto que emoción (sin ponerle la etiqueta de buena o mala) usted se vuelve la emoción, usted es el miedo, usted es la dicha, usted es la tristeza... La oposición o la contradicción de los opuestos (dicha/tristeza, amor/odio) desaparece por sí sola y la neutralidad soberana se establece: paz, paz, paz... [198]."

Abrazar plenamente la vida, quiere decir tomarlo todo; la dualidad, los opuestos y los cambios. Aceptar la vida con sus aspectos contrastantes, sin juicio, es descubrir la unidad y la beatitud:

"Todo es neutro, todo es absoluto, cada cosa es lo que es: usted es quien hace que parezca buena o mala, agradable o penosa. El cambio está ahí, el nacimiento y la muerte están ahí. No son más que fenómenos. Usted ama uno y detesta el otro. En

---

196 Srinivasan, *Entretiens*, p. 92.
197 *La vérité du bonheur*, p. 76.
198 *L'art de voir*, p. 83.

verdad, son lo que son y están en el lugar que les corresponde ¡son absolutos! Al trascender la dualidad usted se establecerá en la no dualidad (*advaita*, unidad)[199]."

"Uno alcanza la beatitud que no conoce el cambio, cuando ha trascendido la atracción por el placer y por el dolor, esas dos atracciones[200].

Implicarse totalmente es fundirse con el movimiento de la vida; es descubrir el infinito. Como todo cambia todo el tiempo, sin cesar aparecen y desaparecen formas efímeras y limitadas, pero esas formas son infinitas y la energía que las pone en movimiento también es infinita. Así, aunque sometidos a la finitud, como seres humanos participamos en un juego cuya esencia es el infinito. Se produce una inversión asombrosa: asumir al 100% la condición humana finita revela el infinito que la sustenta.

"Usted debe de tener el conocimiento de que por doquier, alrededor de usted al igual que en usted, el juego de la energía (*shakti*) múltiple e infinita continúa sin parar. Usted debe de saber que no está confinado al interior de los límites estrechos de su vida finita. Por esto debe hacer esfuerzos para ver y abrirse al juego de las formas infinitas de la energía infinita, así como fundirse en ella[201]."

LA EXPANSIÓN DEL EGO Y EL SENTIMIENTO DE UNIDAD

Todos los caminos espirituales hablan de la desaparición del ego. Si bien Swami Prajñanpad lo evocaba de vez en cuando, hablaba sobre todo del florecimiento o de la expansión del ego. Un ego "expandido" no es un ego hipertrofiado, como los de Stalin o Mao. No se trata de convertirse en un tirano narcisista, megalómano, paranoico, prepotente e indiferente a la vida humana. Esta expansión, para Swami Prajñanpad, conduce a la humildad y al

---

199 *Ibid*, p. 31.
200 *La vérité du bonheur*, p. 56.
201 *Les yeux ouverts*, p. 52.

amor al prójimo. Algunos aspectos del ego están claramente destinados a desaparecer: el egoísmo, el orgullo, el deseo de controlar, el miedo, la rigidez mental, la avidez, las proyecciones, los prejuicios... Pero otros aspectos están llamados a revelarse y crecer: la confianza en sí mismo, la apertura de mente, el campo de las experiencias, la comprensión de los demás, la soltura, la satisfacción, la relajación.

"El florecimiento mental y espiritual sólo es posible si la psique acepta, asimila y se apropia de todas las experiencias que atraviesa, sean positivas o negativas. Cada experiencia le enriquece y lo hace más completo. El meollo de la experiencia es la aceptación de lo que es, en el momento presente[202]."

Swami Prajñanpad pertenece a la tradición oriental según la cual el ego es una ilusión en la que creemos. "El ego no existe realmente. Da la impressión que existe[203]." Es una forma cambiante, un juego de causas y efectos. "Usted es una corriente continua de cambios; es usted y no es usted[204]."

Sin embargo, creemos en él. Mientras nos identifiquemos con el ego, tenemos que jugar el juego de esta expansión.

"Usted va a utilizar todas sus fuerzas para defender a este 'yo' como si este 'yo' fuera una entidad que existiría para siempre. ¿Entonces? No hay nada más que hacer que liberarse de este 'yo', de este pequeño 'yo' limitado. Sólo tiene que expandir y desarrollar este 'yo'. Si usted solamente puede hacerlo cultivando este sentido del yo, ¿por qué tener un yo pequeñito? ¿Por qué no expandirlo hasta que abarque todo y no excluya nada? No hay nada más que hacer[205]."

Al principio, el ego es pequeño porque está replegado en sí mismo. Se proyecta en todo y se apropia de todo.

"¿Cuál es la naturaleza del ego? Separarse de todo lo demás. Separarse. 'Solamente existo yo y nadie más.' A eso se le agre-

---

202 Daniel Roumanoff, *op. cit.*, t. 2, p. 45.
203 *ABC d'une sagesse*, p. 68.
204 *Ibid.*
205 *Les yeux ouverts*, p. 62.

ga: 'yo existiré siempre'. El ego repite sin cesar 'yo estoy aquí, sólo yo y nadie más[206]'."

El ego divide la realidad entre lo que le pertenece y lo que no. "Decir: 'Algunos son míos, los otros no', eso es el ego[207]."
Expandirse es acoger, comprender, ir hacia el exterior e incluir el exterior en uno.
"Todo lo que usted siente que existe en el exterior, absórbalo en usted... Para atacar la rigidez del ego, usted tiene que desplegarse... Hasta ahora, en cierto modo, usted no ha hecho más que proyectarse al exterior, o más bien ¿qué hacía usted? Usted se ponía en el exterior. Ahora meta las cosas en usted[208]."
"Proyección, usted se pone afuera... proyecta al exterior su yo estrecho. Expansión: usted trae las cosas a usted... se trata de introyectar... De no dejar nada en el exterior, de traer todo al interior... Tomo todo lo que hay para jugar con ello...[209]."
"Todo tiene que incorporarse a mí, de manera que nada se deje afuera, que nada se excluya[210]."

Así, "el ego tomará diferentes formas, se expandirá, se agrandará hasta el agotamiento de todos sus deseos y emociones, hasta la satisfacción, la culminación, el equilibrio[211]."

La expansión del ego es volverse más vasto al incluir a todos los seres humanos.
"El 'yo' individualista se expande constantemente. Primero, sólo es él. Luego, progresivamente, contiene a la madre, al hijo, a la esposa y a las otras relaciones. Luego crece más y engloba a nuestros amigos, nuestros compatriotas y finalmente al mundo entero. Por eso se dice que el sabio es amigo de todas las criaturas[212]."

---

206 *ABC d'une sagesse,* p. 65.
207 *Les yeux ouvertss,* p. 105.
208 *ABC d'une sagesse,* p. 66.
209 Daniel Roumanoff, *op. cit.,* t. 1, p. 232.
210 Daniel Roumanoff, *op. cit.,* t. 2, p. 46.
211 *ABC d'une sagesse,* p. 66.
212 Srinivasan, *Entretiens,* p. 55.

La expansión del ego es pasar de la separación a la no separación, de la ruptura con los otros a la inclusión de toda la variedad de las expresiones humanas.

"La ira, el odio, la repugnancia, los celos, etc. no pueden aparecer más que cuando se considera a uno mismo como separado y cortado del resto. Es lo que se llama el sentido del yo (*ahamkar*): cuando soy alguien separado y cortado del resto, entonces soy, yo solo, el centro del mundo; todos los demás deberían de ser como yo quiera que sean, todos los demás deberían de hacer lo que yo quiera que hagan y así sucesivamente.

"Y, sin embargo ¡qué extraordinaria e inmensa variedad alrededor! En el seno de esta variedad infinita, yo también soy parte de esa variedad y todos se mueven en esta misma corriente de cambio. Lo que queda, es la Verdad indivisible, apacible y constante, siempre y en todo lugar. Usted, yo, esto o aquello, no son de hecho más que una ilusión visual.

Es por ello que la multiplicidad, la separación y la variedad no se encuentran más que en la apariencia exterior. Todos son uno en el interior. ¿O acaso existe la más mínima posibilidad de considerar a uno como amigo y a otro como extraño? Cada uno, cada cosa es de hecho yo, o una forma de mí. Concretamente, puede decir, cada uno es 'mío'[213]."

Decir "todo es yo" podría pasar por una manifestación de la tendencia del ego a apropiarse de la realidad. Muy bien, es justamente ahí donde va a caer en la trampa: que se apropie del universo entero y eso provocará su desaparición. Cuando todo es yo, yo soy uno con todo. Cuando uno se expande hasta el infinito, todo se vuelve yo, todo es yo entonces, ¿cómo separar un aspecto de la realidad y no amarlo?

"Todas las formas son 'mías', todas son mis propias formas. ¿A quién odiar, a quién rechazar? Amor sin límites, benevolencia y amistad sin límites. Atesore el sentimiento de que "todos son míos" en cada rincón de su corazón, llene todo su ser con este

---

213 *Les yeux ouverts,* p. 53.

sentimiento de que 'todos son míos'[214]."
Esta expansión del ego provoca su disolución.
"Así es como inevitablemente el ego madura y se convierte en el Sí-mismo. El botón inevitablemente se abre y se convierte en flor[215]."
"En el fondo de su corazón, de hecho, usted es el Sí-mismo, aquí y ahora. Sólo que está recubierto. Vea lo que lo recubre. Deshágase de eso. ¿Cómo? No se trata de matarlo, ni de rechazarlo, sino de dejar que llegue a su culminación, y así que muera creciéndo[216]."

La expansión del ego conduce al amor, camino que Swami Prajñanpad resumía con la fórmula: "Solamente yo, yo y el otro, el otro y yo, el otro solamente". Anteponer el interés de los demás al propio era para él una definición del amor y una señal de desaparición del ego.
"¿Quién es egoísta en el peor sentido? El que busca su interés en detrimento del interés de los demás, incluso si les provoca daño.
"¿Quién es un poco menos egoísta que el primero? Quien busca primero su propio interés, pero sin provocar daño a los demás.
"¿Quién es aún menos egoísta? Quien está dispuesto a beneficiar a los demás incluso en detrimento propio.
"¿Y todavía menos egoísta que todos los anteriores? Aquél que no quiere nada para él mismo y le da todos los beneficios y ventajas a los demás[217]."
"Cuando un ser humano se vuelve verdaderamente adulto, encuentra más satisfacción al dar que al recibir. Al desarrollarse todavía más, llega a un estado que es: dar todo y no tomar nada. Es la verdadera madurez de la edad adulta. Es la plenitud de la naturaleza humana[218]."

---

214 *Ibid.*, p. 47.
215 *ABC d'une sagesse*, p. 67.
216 *Ibid.*
217 *La vérité du bonheur*, p. 68.
218 Srinivasan, *Entretiens*, p. 56.

"Solamente el otro", evoca para un occidental el amor al prójimo, la entrega de uno y el servicio a los demás, actitud encarnada por personas notables como la Madre Teresa o San Vicente de Paúl. En el plano psicológico, "solamente el otro" significa que uno está despejado de uno mismo, de sus proyecciones, de sus prejuicios y de sus miedos, que la separación ha quedado abolida. Es un estado de unidad.

"El único propósito de la vida humana es el de amar de manera tan total, que uno llega a ver a todo el mundo como formando parte de la misma unidad[219]."

Para Swami Prajñanpad, el sentimiento de unidad es la forma más consumada de amor.

SER UNO CON

Ser uno con es la fórmula más importante de esta enseñanza: *Swamiji knows only one thing: to be one with;* "Swamiji sólo sabe una cosa: ser uno con."

Aquél que se ha expandido al infinito de manera que pueda decir, de todos los aspectos de la realidad, esto soy yo, esto está en mí, esto es mío, es *"uno con"*. No excluye nada, no rechaza nada. La realidad no está dividida entre lo que es mío y lo que es ajeno. Todo soy yo; todo es uno.

Ser uno con lo que es, es acoger y aceptar incondicionalmente la realidad, es inclinarse ante la verdad, ante *lo que es*. La aceptación es la unidad. Es liberarse de la dualidad. Swami Prajñanpad dijo: "La verdad es una, sin segundo", fórmula que significa que el rechazo crea dualidad. Hay *lo que es* y lo que, según nosotros, *debería de ser, hubiera podido ser,* etc.

Ser uno con, es también estar unificado en toda circunstancia y en toda acción, estar totalmente en la experiencia de lo que estamos haciendo, sin miedo, sin división, sin conflicto, estar enteramente en lo que uno hace, enteramente en lo que uno vive.

---

219 *Les yeux ouverts*, p. 40.

Recientemente vi un documental sobre Jimmy Hendrix, y me impactó la unidad que se desprendía de la relación entre el hombre y su instrumento. Él era uno con su guitarra, sin ninguna separación. Es lo que Swami Prajñanpad entiende cuando recomienda estar absorto por lo que uno hace.

"Cuando usted está absorto en una actividad, cualquiera que sea, ¿siente algún ego? No. Ya no hay separación[220]."

O esta otra: "Cuando ha absorbido todo, cuando ha explorado todo, cuando ha estado en todos lados, entonces, y solamente entonces, puede volverse uno[221]."

Ser uno con es sentirse cómodo en todas partes. "Cuando usted se siente en casa en el mundo entero, la tensión desaparece. Entonces está completamente relajado. Este estado de relajación es la felicidad perfecta[222]."

Ser uno con es abrazar el movimiento de la vida, es no "permanecer al margen", es jugar con la inmensidad. Después de "una experiencia que iluminó el objetivo y el sentido de su vida", Swami Prajñanpad escribió un poema de juventud titulado *El llamado de la totalidad*:

Todo el universo está encantado al ver este juego maravilloso de la totalidad.
¿Por qué sólo tú te mantendrías al margen?
Mira este juego, abandona toda cobardía, levántate,
despierta[223].

¿Quién es *uno con* el agua? ¿El que se mantiene en la orilla y solamente la toca con la punta del pie, o el que se zambulle en medio del río?

Ser uno con es haberse expandido hasta pulverizar toda forma de separación.

"El individuo está encerrado en su concha. Esa no es su condición natural y libre. Ahí está incómodo. Los muros de la celda que lo encierran se deben derrumbar. Hay que salir al

---
220 *ABC d'une sagesse*, p. 144.
221 Daniel Roumanoff, *op. cit.*, t. 2, p. 60.
222 Srinivasan, *Entretiens*, p. 55.
223 *La vérité du bonheur*, p. 101.

aire libre. El sentimiento de separación debe desaparecer. El horizonte debe de volverse cada vez más amplio hasta que ya no haya posibilidad de expansión. Cuando usted está completamente abierto, el interés de cada uno se vuelve su propio interés. Entonces reina una libertad absoluta. La concha se ha roto y usted es *uno con* el mundo entero[224]."

Ser uno con es realizar el vacío en uno; es estar totalmente libre de uno mismo:
"Cuando usted está en la unidad, está vacío y lleno al mismo tiempo. Vacío, en el sentido de que no rechaza nada ni a nadie. Lleno porque no tiene ni atracción ni repulsión por nada. Lo que está lleno, completamente colmado, está vacío, puesto que se ha vaciado de cosas particulares[225]."

Ser uno con es estar en relación con el otro a partir de este estado paradójico, lleno y vacío a la vez. Lleno de humor, de atención, de consideración, de paciencia, de escucha, de calor humano. Vacío de expectativas, de prejuicios, de proyectos, de juicios, de miedos, de protecciones, vacío hasta de la necesidad de ayudar al otro, vacío hasta del rechazo de la impotencia. En una relación de amor, aceptar nuestra impotencia es difícil porque rompe el corazón. Pero si miramos de cerca, el rechazo de la impotencia todavía emana del ego. Todavía es una expectativa que hacemos pesar sobre el otro: tú deberías aceptar mi ayuda. Y si el otro no logra aceptar esta ayuda, siente que nos decepciona, que nos pone en una situación difícil.

Ser uno con es un espacio totalmente no egocéntrico.

Ser uno con es el amor incondicional. Sabemos que Swami Prajñanpad se había atribuido dos poderes extraordinarios: amor infinito y paciencia infinita. Es un estado interior en el que el flujo de amor que emana de nosotros y la vida que fluye no son más que uno y se armonizan mutua e inmediatamente en el instante presente.

Ser uno con es también percibir la unidad de la realidad.

---

[224] Srinivasan, *op., cit.*
[225] *ABC d'une sagesse*, p. 144.

LA UNIDAD DE LA REALIDAD: MÚLTIPLES FORMAS, UNA SOLA REALIDAD

La meta de toda espiritualidad es realizar la unidad fundamental de la realidad, llegar a *ser uno* con el universo en toda circunstancia y dar testimonio de la posibilidad de una vida libre, feliz y apacible. El sabio no solamente se siente *uno con* la totalidad, sino que se siente ser la totalidad misma. En lenguaje cristiano, podríamos decir que según nuestra naturaleza humana, todos somos únicos y diferentes, pero que según nuestra naturaleza divina, todos somos idénticos. En una carta a Minati, una discípula india, Swami Prajñanpad desarrolla este tema:

"Déjese absorber en su ser verdadero y eterno: usted es de hecho esta agua, océano infinito e insondable, y no una pequeña ola. La presión del pasado bajo la forma de "esta pequeña ola que soy" persiste todavía. Muéstrele que la ola no es más que una forma, una de sus formas. Usted no es más que agua, ¡tontita! ¿Por qué considera como usted misma a cada forma en la que usted se manifiesta de vez en cuando? Si usted vierte la misma cantidad de agua en diferentes recipientes, un tazón, una cubeta, un vaso, una probeta o un timbal, dondequiera que la haya vertido, el agua toma todas esas formas diferentes. ¿Cuál es su propia forma? ¿No son todas esas formas suyas? La potencialidad de formas infinitas permanece en el agua. Pero en sí misma, ella no tiene forma. Es agua; no es más que agua. Lo mismo sucede con usted: ¡usted tiene la potencialidad de tantas formas! Entre la inmensa variedad de formas y de colores, de sabores y de aromas, el juego de las olas de dicha y beatitud continúa, pero en el fondo de usted misma, usted es la misma, tranquila, armoniosa, sin límite. Sumérjase en la suave belleza de las formas y los colores infinitos[226]."

La referencia de la imagen de la ola y el océano es tradicional en la India. Todo maestro indio recomendará a sus discípulos que no se identifiquen con una forma efímera que no es su verdad

---
226 *L'art de voir*, pp. 166-168.

última. En cambio, lo que es típico de Swami Prajñanpad —y esto no va a sorprendernos— es la manera sensual y maravillosa con la que evoca el mundo de las formas: "La suave belleza de las formas y de los colores infinitos."

Justo después de esta exhortación, Swami Prajñanpad cita uno de sus poemas en el que expresa que él es la totalidad de la realidad, específicamente que él es a la vez el músico, el instrumento y el público que escucha:

Yo mismo soy el que toca
Yo mismo soy la flauta
Yo mismo estoy fascinado
¿Dónde está, pues, mi morada: el paraíso o la tierra?
¿Quién soy yo, y cuál es mi forma?

Y concluye su carta con estas palabras, recordando a Minati la realidad de su naturaleza profunda:

"Yo soy, yo soy, yo soy. Estoy sumergido en el océano de beatitud desbordante de dulzura. Solamente en la superficie, las olas de júbilo siguen con su juego eterno. El juego de lo múltiple en el corazón del UNO. Esto, sin ninguna duda, es la beatitud[227]."

Quisiera terminar este capítulo con una última anécdota que mi padre contaba con frecuencia. Swami Prajñanpad estaba comiendo de ese queso blanco que se llama *channa*. Al cabo de cierto tiempo, le preguntó a mi padre: "¿Qué hace Swamiji?". Le pareció que el ejercicio que Swamiji le proponía consistía en ser tan neutro como fuera posible; describir la situación sin proyecciones ni juicios de valor. Así es que respondió: "Swamiji come *channa* con una cuchara."

Pero para sorpresa de Arnaud, Swamiji dijo: "No, Swamiji come Swamiji con la ayuda de Swamiji. ¿Quién es Swamiji?". Y desarrolló esta respuesta diciendo:

"Cuando usted percibe las cosas de manera relativa, usted dice: 'Swamiji come queso con una cuchara'. Cuando usted percibe las cosas a través de sus proyecciones personales, dice:

---

227 *L'art de voir*, pp. 166-168.

'Mi abuelito come un desagradable yogurt con la linda cuchara de plata de mi mamá'. Cuando percibe en el Absoluto, dice: 'Swamiji come Swamiji con Swamiji'. También dirá: 'El Sí-mismo come el Sí-mismo con el Sí-mismo'[228]." (*Atma* come *Atma* con *Atma*)."

Swami Prajñanpad es todo a la vez, el que come, el queso blanco y la cuchara; es el músico, el instrumento y quien escucha. Es Uno, es la totalidad. Y ese UNO le permite jugar el juego de la vida con elegancia, uno con la totalidad, implicado y no implicado, desidentificado del ego y participando en la fiesta con dicha y simplicidad. La multiplicidad, el mundo, ya no son el lugar de la pérdida y la caída, sino la expresión de una energía infinita que fluye en nosotros y se desarrolla plenamente alrededor de nosotros.

"Después de haberse sumergido en el UNO, conocimiento supremo que es apacible, estable, benévolo, no dual, uno no se pierde en la multiplicidad, sino al contrario, puede simplemente jugar en ella. Este es el secreto del trabajo, del juego, de la diversión. Yo soy esta energía infinita; yo soy esta energía, aun sin forma, llena de dicha, en paz, benévola; estoy en el movimiento, en el juego. Voy de aquí para allá jugando todo el tiempo. Yo soy con todo, yo soy en todo, todo esto es el juego de mis múltiples formas[229]."

---

[228] Daniel Roumanoff, *op. cit.*, t. 1, p. 423.
[229] *L'art de voir*, pp. 170-171.

EPÍLOGO

No considero en absoluto que "fuera de Swami Prajñanpad, no hay salvación". Existen bastantes maestros espirituales convincentes —he conocido a algunos a quienes les debo mucho—, muchos caminos auténticos susceptibles de llevarnos a nuestra naturaleza esencial. Lo importante es encontrar el que nos corresponde.

Tengo todavía mucho camino por recorrer, pero esta enseñanza ha enriquecido tanto mi existencia que, al acabar este libro que le he dedicado, no puedo más que expresar una vez más mi gratitud por Swami Prajñanpad.

En muchos aspectos, es un swami muy clásico, nutrido por las escrituras sagradas de la India, como el *Yoga Vashishta* y cercano a Shankara o a Ramana Maharshi. Pero también es una figura completamente original y atípica. Es a la vez hindú y occidental, materialista y místico, científico y poeta, tradicional y modernizador, coach, psicoanalista y todo esto sin ser ninguna de esas cosas. Con él, cualquier etiqueta vuela en pedazos.

Su enseñanza es el reflejo de esta riqueza. Es una maravilla de equilibrio y de coherencia. Ahí, cada cosa está en su lugar, las perspectivas metafísicas, la profundidad psicológica, los vuelos poéticos, las prácticas muy concretas, el deseo, el inconsciente, la descripción despiadada del estado de sueño, el amor por la vida... Con él, todos los aspectos de la condición humana se asumen, se integran, se trascienden.

Permanezco admirado por el trayecto del pequeño Yogeshwar que perdió a sus padres a la edad de once años, que sufrió pobreza y desnutrición. Este niño tan sensible que languidecía por el verdadero amor, y que una vez adulto lo buscó con tanta integridad, con tanta intensidad, que acabó por encontrarlo. "La verdad, dijo, es tan simple y, sin embargo, Swamiji tuvo que luchar tanto para llegar al momento en que realizó que la verdad era tan simple."

Espero que este libro habrá dado al lector una sensación de proximidad e intimidad con Swami Prajñanpad y con esta enseñanza que produce frutos cuando se pone en práctica. En el fondo, progresar es superar todos nuestros condicionamientos para acercarnos a nuestra naturaleza profunda y esencial, y es lo que todo maestro espiritual desea para sus alumnos.

Respecto a esto, quisiera terminar con una anécdota relatada por Sumangal Prakash, que pone en escena a una viuda muy desdichada llamada Suvrata. Ella frecuentaba el ashram y después de algún tiempo, empezó a abrirse. Un día cuando Swami Prajñanpad caminaba con Sumangal en los alrededores del ashram, ella fue hacia él sin preocuparse por saber si él tenía necesidad o no de estar tranquilo y le ofreció una rosa, lo que constituía una transgresión a las reglas de respeto y discreción vigentes en el ashram.

En lugar de ofenderse, Swami Prajñanpad se puso muy contento. Y le comentó así la escena a Sumangal: "La vergüenza social que se le ha asignado a la viudez, la desconfianza y la depresión que de ahí resultan, han hecho que su vida careciera de sentido. Ella no se atrevía a reír o a expresarse libremente delante de los demás. Se le había enseñado a reprimir sus sentimientos y sus impulsos. En realidad, ella se fue matando lentamente a sí misma. El día de hoy, esa misma Suvrata se muestra libre y valiente. Además, para una mujer que nunca salió sola de su casa, ¡qué valor ir a la casa de la vecina sin estar acompañada! Luego, ella les pidió flores. Y no se detuvo ahí. Fue ella misma a cortar una rosa a punto de abrir y se la llevó. Ella estaba tan contenta de tenerla, que se sintió impaciente por mostrársela de inmediato a Swamiji. En verdad es algo extraordinario para ella haber hecho todo eso".

Al cabo de un momento, Swami Prajñanpad le preguntó a Sumangal: "Y usted, ¿qué me va a dar?". Sumangal estaba muy apenado... Suvrata le dio una rosa, pero a él le parecía que tenía que dar mucho más y que lo que le tocaba dar, iba a estar por encima de sus fuerzas. Y recuerda: "En el *Mahabarata* y en las *Puranas*, esos antiguos recuentos épicos, yo había leído que los discípulos eran sometidos por sus maestros a pruebas terribles. Durante algunos instantes que me parecieron largos y desagradables, no encontré nada qué contestarle".

"No tenga miedo, me reconfortó Swamiji, ¿qué necesito yo si no son sus caras rozagantes, justo como esta rosa? Que ustedes, que están aquí, sean libres de las cadenas que los atan, que el gusano que se come las raíces de la flor sea destruido, que todos ustedes puedan crecer libremente y desarrollarse plenamente. Es la recompensa a todo mi trabajo[230]."

---

230 Sumangal Prakash, *Swami Prajñanpad, mon maître*, p. 139.

ALGUNAS FÓRMULAS DE SWAMI PRAJÑANPAD

Awareness is the very sadhana which will lead you to the goal.
La vigilancia es en sí la práctica que lo conducirá a la meta.

Do you want to be wise or to appear to be wise?
¿Quiere usted ser sabio o parecer sabio?

Swamiji tears off the masks.
Swamiji arranca las máscaras.

Can you accept that the worst of the worst is in you and the best of the best is in you?
¿Puede usted aceptar que lo peor de lo peor está en usted y que lo mejor de lo mejor está en usted?

No denial in any form whatsoever.
Ninguna negación bajo ninguna forma.

Your thoughts are quotations, your emotions are imitations, your actions are caricatures.
Sus pensamientos son citas, sus emociones son imitaciones, sus acciones son caricaturas.

You are an amorphous crowd.
Usted es una multitud amorfa (amorfa en el sentido que la física da al término: todavía no cristalizada).

Ego is the seal of the I embossed on the not I.
El ego es el sello del yo estampado en el no yo.

You cannot jump from abnormal to supranormal.
No puede brincar de lo anormal a lo supranormal.

You will have to pay the full price.
Usted tendrá que pagar el precio completo.

The way is not for the coward but for the hero.
El camino no es para el cobarde, sino para el héroe.

Everything which comes to you, comes to you because you attracted it.
Todo lo que le sucede, le sucede porque lo atrajo.

Everything which comes to you, comes as a challenge and as an opportunity.
Todo lo que le sucede, llega como un desafío y una oportunidad.

The way is not in the general, but in the particular.
El camino no está en lo general, sino en lo particular.

Emotion is never justified.
La emoción nunca está justificada.

Let the emotion have its full play and vanish.
Deje que la emoción tenga su juego completo y desaparezca.

Dissociate adult and child.
Disocie al adulto del niño.

To have an emotion is to be a child. Only a child has emotions, not the adult.
Tener una emoción es ser un niño. Sólo un niño tiene emociones, no el adulto.

Not desireless, but desirefree.
No sin deseos, sino libre del deseo.

Be faithful to yourself as you are situated here and now.
Sea fiel a usted mismo, así como está situado aquí y ahora.

Imperative necessity is the key to all success.
La necesidad imperativa es la llave de todo éxito.

Before any action, check the actor.
Antes de cualquier acción, cheque al que actúa.

First the doer, then the deeds.
Primero el que actúa, luego las acciones.

Don't mistake reaction for action.
No confunda la reacción con la acción.

What you have to do, do it now.
Lo que tenga que hacer, hágalo ahora.

Be bold!
¡Sea audaz!

Mend, leave or accept.
Repare, abandone o acepte.

Mind, what a tragedy!
El mental, ¡qué tragedia!

Nobody lives in the world, everybody lives in his world.
Nadie vive en el mundo, todos viven en su mundo.

Everything is neutral, you qualify good and bad.
Todo es neutral, usted lo califica de bueno o malo.

Mind is so tricky to cheat you, rather to cheat itself.
El mental es muy astuto para engañarle, o más bien para engañarse a sí mismo.

There is no way out except acceptance.
No hay salida, excepto en la aceptación.

Not what should be but what is.
No lo que debería de ser, sino lo que es.

Under all conditions and circumstances, truth is one without a second. Mind creates a second.
Bajo toda condición y circunstancia, la verdad es una sin un segundo. La mente crea un segundo.

You think that you see and you don't see that you think.
Usted piensa que ve, pero no ve que piensa.

What does mind say, what does truth say?
¿Qué dice el mental y qué dice la verdad?

Live what you know and you will know more.
Viva lo que conoce y conocerá más.

To know is to be.
Conocer es ser.

Not "I look at the tree" but "the tree is looked at".
No "yo veo el árbol", sino "el árbol es visto".

To be free is to be free from father and mother, nothing else.
Ser libre es ser libre de padre y madre, nada más.

100% adult, that is the sage.
100% adulto, eso es el sabio.

The sage is an illuminated child.
El sabio es un niño iluminado.

To be is to be free from having.
Ser, es ser libre de tener.

Every place is a place to be.
Todo lugar es un lugar para ser.

Love is helping the other to release his tension.
Amar es ayudar al otro a liberar su tensión.

Behind any manifestation look for the unmanifested cause; manifestation is unreal, unmanifested is real.
Detrás de toda manifestación busque la causa no manifestada; la manifestación no es real, lo no manifiesto es real.

Swamiji does not act, an action takes place.
Swamiji no actúa, la acción sucede.

Internally, actively passive; externally, passively active.
Interiormente, activamente pasivo; exteriormente, pasivamente activo.

Do you know what is moksha? Complete release of all tensions, physical, emotional and mental.
¿Sabe usted lo que es *moksha*? La completa liberación de todas las tensiones, físicas, emocionales y mentales.

There is no seer and no seen, there is only vision.
No hay quien ve ni lo que es visto, solamente hay visión.

There are countless births and deaths, in truth, there is no birth and no death.
Hay innumerables nacimientos y muertes, en verdad, no hay nacimiento ni muerte.

AMPLIAR SU BÚSQUEDA

Aunque Swami Prajñanpad no escribió ningún libro, usted puede hacer una inmersión en las cartas que él escribió a sus discípulos y en las entrevistas grabadas que han sido transcritas y publicadas por Daniel Roumanoff con la ayuda de su esposa, Colette.

Si usted no sabe por dónde empezar, yo le recomiendo procurarse:

ABC d'une sagesse, que es una pequeña recopilación de frases esenciales de Swami Prajñanpad, editado por Albin Michel.

Si no, en ediciones Accarias, L'Originel:

Srinivasan, Entretiens. Srinivasan fue un alumno de Swami Prajñanpad por muchos años y compiló y reagrupó el contenido de cuarenta años de entrevistas con su maestro. No guardó más que lo esencial y es por lo mismo muy placentero de leer.

Las tres recopilaciones de cartas:
L'art de voir.
Les yeux ouverts.
La vérité du bonheur.
Se trata de cartas breves, se puede leer una cada noche o abrir el libro al azar.

Y finalmente:

L'expérience de l'unité: un libro de 500 páginas, treinta entrevistas grabadas que contienen un material muy rico, tanto sobre la enseñanza, como sobre la vida de Swami Prajñanpad.

Las otras entrevistas grabadas:
Un été plein de sagesse
Le but de la vie
L'éternel présent
Ceci, ici, à présent
De la sérénité

Dos recopilaciones de citas comentadas de los Upanishads y algunas historias:
La connaissance de soi
Vers la réalisation de soi

Los testimonios de sus alumnos:
Swami Prajñanpad, mon maître, de Sumangal Prakash, que describe cuarenta años de camino.
Le quotidien avec un maître, de Olivier Cambessédès.

Yo recomiendo también dos libros, de una centena de páginas, en las ediciones L'Originel, que intentan, como el mío, hacer una síntesis de la enseñanza y que son apasionantes:
Au-delà du déséspoir, de André Compte-Sponville.
Être un avec, de Alain Delaye.

En otras editoriales
El testimonio de Colette Roumanoff:
Les yeux de l'orpheline, ediciones Critérion.

También puede leer los libros de referencia, muy completos, de Daniel Roumanoff, en tres volúmenes, dos sobre la enseñanza y una biografía. Se trata de libros muy claros, llenos de citas de Swami Prajñanpad, clasificados por temas y comentados de manera tan límpida como precisa:
Swami Prajñanpad, un maître contemporain, vol. 1 y 2, ediciones Albin Michel.
Swami Prajñanpad, Biographie, ediciones de La Table Ronde.

Sitio de internet: www.svami-prajnanpad.org

Por otro lado, usted encontrará mucha información y explicaciones de esta enseñanza, muy pedagógicas, en los libros de Arnaud Desjardins. En especial en los cuatro tomos de *En Busca del Sí-mismo,* publidos por Hara Press:
Tomo 1: *Adhyatma yoga*
Tomo 2: *Más allá del yo*

Tomo 3: *El Vedanta y el inconsciente*
Tomo 4: *Tú eres Eso*

Dos libros y un DVD autobiográfico que contienen pasajes sobre Swami Prajñanpad:

Récit d'un itinéraire spirituel. DVD sobre Arnaud Desjardins, ediciones Le Gué.

Candide au pays des gourous, de Daniel Roumanoff, ediciones Dervy.

La route et le chemin, de Denise Desjardins, ediciones de La Table Ronde.

Existen dos centros espirituales
fundados por Arnaud Desjardins,
uno en Francia y el otro en Quebec, Canadá:

En Francia:
www.amis-hauteville.fr

En Quebec, Canadá:
www.mangalam.ca

OTROS LIBROS PUBLICADOS POR HARA PRESS ACERCA DE LAS ENSEÑANZAS AQUÍ PRESENTADAS

Arnaud Desjardins
Bienvenidos en el camino
El camino del corazón
La paz siempre presente
Regreso a lo esencial
Releyendo los Evangelios
Travesía hacia la otra orilla
Una vida feliz, un amor feliz
En busca del Sí-mismo, Vol 1, El Adhyatma Yoga
En busca del Sí-mismo, Vol 2, Más allá del yo
En busca del Sí-mismo, Vol 3, El Vedanta y el inconsciente
En busca del Sí-mismo, Vol 4, Tú eres Eso

Véronique Desjardins
Las fórmulas de Swami Prajñanpad

Éric Edelmann
Mangalam

Éric Edelmann y Sophie Edelmann
Anhelo de la realidad

Gilles Farcet
El manual de la anti-sabiduría

www.ingramcontent.com/pod-product-compliance
Lightning Source LLC
Chambersburg PA
CBHW061257110426
42742CB00012BA/1958